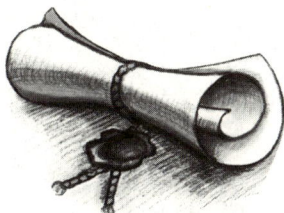

高军良◎著

毕业是个大问号

广东旅游出版社
GUANGDONG TRAVEL & TOURISM PRESS
悦读书·悦旅行·悦享人生
中国·广州

图书在版编目（CIP）数据

毕业是个大问号 / 高军良著 . —广州：广东旅游出版社，2016.3

ISBN 978-7-5570-0267-1

Ⅰ . ①毕… Ⅱ . ①高… Ⅲ . ①职业选择 Ⅳ . ① C913.2

中国版本图书馆 CIP 数据核字（2015）第 274983 号

毕业是个大问号

Biye Shige Dawenhao

广东旅游出版社出版发行

（广州市天河区五山路 483 号华南农业大学公共管理学院 14 号楼三楼　邮编：510642）

印刷：北京嘉业印刷厂

（地址：北京市大兴区黄村镇李村）

广东旅游出版社图书网

www. tourpress. cn

邮购地址：广州市天河区五山路 483 号华南农业大学（公共管理学院）14 号楼三楼

联系电话：020-87347994　　邮编：510642

787 毫米 ×1092 毫米　　16 开　　12 印张　　149 千字

2016 年 3 月第 1 版第 1 次印刷

定价：36.00 元

本书如有错页倒装等质量问题，请直接与印刷厂联系换书。

CONTENTS 目 录 ▶

◀在传统与当代之间架起一座桥梁
北京中华文化促进会会长　钱光培

作为炎黄子孙，我对中国传统文化充满了感情。我一直认为，中国传统文化是当代社会发展取之不尽，用之不竭的宝藏。

纵观中国历史，文化在其中一直扮演着十分重要的角色，也可以说，历史的演变就是文化的发展。观古知今，传统文化不仅可以让我们了解过去、理解现在，甚至可以预见未来。

古人有言："识时务者为俊杰。"能通达社会关系者，更容易成功。20 世纪 90 年代初，我曾经写过一篇名为《论中国的三次文艺复兴》的长文，指出了中国历史的三次文化兴旺：第一次兴于先秦；第二次旺于唐宋；第三次则始于民初。我们现在正处于第三次中华文化复兴的阶段中。

1996 年，我在主讲《首都文化发展战略研究》课题时，提出了"北京要大力发展文化产业"的思路。后来，这个思路还被写入了《北京市委市政府关于加快北京文化发展的若干意见》之中。

这应当是国内率先提出要大力发展文化产业的红头文件。中国近些年的发展，已经显示出了文化复兴的巨大能量。与此同时，传统文化的价值也在当代社会的发展中得到突显。

传统文化中的经典著作读起来难免有些晦涩难懂，更因为现代社会的生活节奏太快，大多数人都没有时间来好好接收和感悟这些宝贵的财富，所以，在传统文化的继承与发扬方面还存在着一些障碍。

这不是古人的过错，也不是现代人的过错。当务之急是要寻找一种易于现代人接受的方式，在传统与当代之间架起一座桥梁。看到高军良的新著后，我欣喜地看到了这种努力的收获。

初识高军良是在2004年，后来几经接触，我发现他虽然岁数不大，但对经史子集都很了解，对中国传统文化有着深厚的感情。此外，在工作方面，更是成绩显著，而立之年就担任了外企的高管，更难得的是他能够把自己的生活、工作与中国传统文化紧密地结合起来，并赋予它们现代含义。本书就表达了他对《易经》及职场的领悟。《易经》是中国传统文化里一颗璀璨的明珠。在本书中，一个个鲜活生动的职场案例跃然纸上，而这些案例对人的启发与《易经》的卦爻辞之内涵异曲同工。在我看来，这正是对传统文化独特的诠释和演绎。

应当说，本书在这个快餐式文化的市场中有其独特的精神内涵，既有鲜明的当代性，又不失传统元素，它将会是一本好读的书。

让我们一起努力，使传统文化的现代价值得以充分发挥，再放异彩！

◄ 我为什么要写这本书

在十几年的工作经历中，我从事过许多不同的职业，也遇到过很多困难，最大的挑战莫过于刚毕业时突变的环境：身边的依靠瞬间消失，我被迫独立。尽管自己有着强烈的求知欲，希望可以获得更多的知识，却发现可学习的途径非常有限。学生时代的我无忧无虑，那时候有老师，有课本，有参考书，也有明确的方向、方法和途径，只要努力就行了。

参加工作后，父母能给的建议越来越少；同学们都忙于生计，互相只有些问候；同事们也都忙于日常事务，自顾不暇。直到工作几年之后，这种情况才有所好转，但我还常常觉得自己做事情没有头绪，即使有了些许进步，也常常感到不安和迷茫。

正在对未来迷茫之际，我开始接触《易经》等传统典籍。看过之后，深感前人的智慧就像是一盏明灯，指引我前行。

近些年来，中国传统文化在国际上的影响也非常大。有几个外国朋友告诉我，在西方，公司内部经常会开设《孙子兵法》课程、《三十六计》培训，等等。我听后非常震惊，惊于外国人对中国传统文化的重视，却也有些感伤于自己对传统文化的疏忽。简直不能想象，我们所面对的商业对手，竟是一群熟知中国传统文化的外国人。

与此形成鲜明对比的是，我们很少静下心来学习自己的传统文化。虽然总是有不断掀起的国学热，但大多流于形式，真正领悟并融会贯通的人少之又少，能够真正发掘其价值的就更有限了。

《易经》博大精深，并非一些人认为的算算命、配个姻缘、问问福祸那么粗浅。许多传统文化都能在《易经》中找到影子。生活中，诸多的典故也能在《易经》中找到解释。

在写作本书时，我对《易经》的博大精深很有体会，仅仅是乾、坤两卦就已经构成本书的整体结构。在六十四卦中，我从中挑选了与职场生活比较贴近、比较实用的六卦——屯、蒙、需、讼、师、比，集中展示了从职场菜鸟到中高层管理者的职场智慧。本书的后半部分则依托《易经》的核心价值，较为宏观地分析了职场与人生的关系。

《易经》犹如一颗璀璨的明珠，照耀着人们的生活。而我依旧处在"雾里看花"的阶段，这颗明珠的光辉给了我美的感受，我却总觉得自己并未领略它全部的光芒。

人生就像一段旅途，自己经历了，不管是好是坏，都是你收获的经验。经验不在于多少，在于有效地分享。即便是世界级大师，如果不能有效地分享，这位大师也应该被质疑。

成功的定义有千万种，成功的途径也各有不同。人生不能处处走捷径，但是少走点弯路还是可以的。在传统文化的海洋里，我谈不上游泳健将，但可以说尝到了海水的味道。我认为《易经》是有益的，也希望读者通过这本书了解到它的乐趣。

2004 年的一天，我像往常一样坐上飞往美国的飞机。作为航空公司的金卡会员，我可以选择紧邻空姐的位子。当然，我途中一定会和漂亮的空姐聊天。

"不聊了，我得去后面忙一阵，等一会儿大家睡着了我们再谈吧！"空姐冲我笑了一下便离开了。

十几分钟后，机舱里的灯光慢慢暗了下来，大家也慢慢停止了活动。我想起空姐所说的"等一会儿大家睡着了"，什么叫"等一会儿"？莫非她还懂催眠术。我这样想着，一股困意慢慢袭来。

"坐国际航班就是累，而且挺无聊的，大家就只好睡觉了。"漂亮的空姐又出现了。

"你怎么知道大家一会儿就会睡着？" 我好奇地问道。

"给你看看我刚才都在忙什么吧！"她自豪地指着身后一个大大的银灰色盒子，说，"其实每一趟国际航班，我们对整个旅途都是有安排的。乘客刚上飞机时，即便是用餐时间，我们也绝对不会送上饭菜，因为这个时候乘客的心情都还很浮躁。这种情况下，我们通常会选择调低空调的温度，开大气流，让大家慢慢平静下来，之后，根据具体情况安排送餐、播放影音等事宜。"

经她介绍，我才知道，其实飞机上乘客的很多行为，包括喝水、吃饭、睡觉等，都是"被控制"的。原来，有这么一只"无形的手"正在通过灯光的明暗、气流的强弱、温度的高低来影响乘客的行为。为了帮助乘客更好地适应时差，乘务员都会提前规划客舱服务。

"请问这班飞机几点能到？今天应该不会误点吧？"我继续问道。

"应该会正点到达，这个季节一般没有问题。"尽管把握比较大，空姐还是回答得很保守。

"能不能正点到，你们自己都不确定吗？"我故意"奚落"了她一番。

"不知道为什么，有时候飞机往返所用的时间不一样……"空姐若有所思地回答道。

"既然你跟我分享了你们的'行业秘密'，那我今天也告诉你飞机往返时长不同的原因。我先给你讲讲墨西哥湾流的故事：哥伦布在发现美洲新大陆后，一些欧洲人去那里'淘金'，但他们的交通工具不是飞机，而是轮船。来往于欧美之间的轮船要通过大西洋，而时任美国邮政总局局长的富兰克林则注意到，邮船从美国到英国经常比从英国到美国快两个星期。

"这一现象让富兰克林很疑惑，于是他认真查阅了船长的航海日志，并向一位船长讨教经验。他得到了一个重要信息：从美洲到欧洲的航程中，总有一股势力强劲的水流推着轮船前行，因此，在返航时，他们便不走原路了。后来，富兰克林绘制出这支海流的流路图，这支海流被人们称为墨西哥湾暖流。到了 19 世纪中叶，美国海洋学家、近代海洋科学奠基人莫里详细研究了墨西哥湾海流，并提出'海洋中的河流'一说。"

空姐有些疑惑地看着我，好像不明白我为什么要告诉她这个。

　　"你看，外表看起来相对平静和稳定的海洋，实际上却被一只隐形的手操控着。飞机在天空中航行，也有大气流这样一只无形的手操控着，同样，飞机上你们神秘的手也控制了我们这么多人。推而广之，还有另外一只手控制着整个世界。其实，整个大自然并非孤立、静止的，背后有着许许多多的规律。这一切就像神秘的推手一样存在！只是人的认知很有限而已。"

　　其实，小到一个人，大到整个自然界，无不遵循着自身的发展规律，这个规律像一只看不见的手左右着我们。只要我们寻找到这个规律，并合理运用，无论生活还是工作，都会向着我们期望的方向发展。

第 一 章

推开职场那扇门，进入社会大学校

十几年的校园生活，使我觉得自己上知天文，下晓地理。但真正走入社会，我才发现，自己推开的是一扇崭新的门，门的后面是一个新鲜而陌生的世界！

初入职场，我尝到了里面的酸甜苦辣，但自己成长的愿望并没有被磨灭，总希望能够再学习、再进步。这时候才发现，学习的途径不一样了，相比之下，学校教给我的仅仅是方法，而社会中的每一个人，经历的每一件事，都是一本书，我要开始一段不一样的学习生涯。

先融入后发挥
·················◉

入行的偶然

1993 年，国家开始试行毕业生和用人单位双向选择制度。我曾经向往的单位也来到学校招聘，但优异的学习成绩和一大堆获奖证书并没有为我赢得这个机会，他们只说了句"名额已满"，便把我拒之门外。

临近毕业的春节，我放弃了考取曹老师（我的专业指导老师）研究生的机会，怀揣着曹老师学生的联系方式和仅有的 100 元钱独自来到北京。面对车水马龙的城市，我感到如此陌生而遥远。我按联系方式找到了学长。他见到我的第一句话是："大家都买不到回家的票，愁得要死，这个时候你倒来北京了。"

临行前，曹老师特意对我说："凡事讲究入行，男怕干错行，女怕嫁错郎，你第一份工作做什么不重要，重要的是你先入一行。我前两年去日本的时候被他们发达的电子行业震撼，中国电子行业刚刚兴起，与国外同行差距还很大，但是未来一定会非常繁荣，你专业学的就是电子类，不要轻易丢掉。"按照他的建议，我应聘了几家电子公司，人家不是招满，就是主管的人不在，抑或是春节休假。三天下来，我身心疲惫，失望至极。

当我拖着疲惫的身体回到学长的宿舍时，他兴高采烈地告诉我，他的一个同事辞职了，明天可以去问问组长！这个消息像一剂兴奋剂，让我忽然有了力量。可能是命运之神的眷顾，这个偶然的消息让我第二天顺利通过面试，并拿到了聘用我的双向协议书。

几年以后，谈到来北京找工作的经历，我一直认为这是个很偶然的事件。同学却笑着说："偶然中有必然，至少你冒着春节买不到回家火车票的风险来北京找工作，而你当时也可以选择先回老家，等来年春天公司来学校招聘。"

有十年寒窗的积累，有辛勤学习的进步，也有对未来的执着追求。就犹如《易经》的屯卦，是因为有了乾坤两卦的酝酿，乾卦代表天，坤卦代表地，天地相交因而有了万物的生命。屯卦中有"元亨"，元就是新生命的开始，新生命最重要的是找到自己生长的方向，新入职场的人最重要的也是要找到自己成长的方向，这就是"入行"。

好心帮倒忙

屯卦开篇即提到"元亨"二字，"元"即广大、开始的意思，"亨"为亨通，描述了新生事物的希望和祥和。新环境，总是给人一种美好的感觉，感觉身边的人都非常友善，而自己则怀着好奇的心情忙着接触和认识众多的新鲜事物。在新的环境，我们的眼睛总能看见许多欣欣向荣、积极向上的东西。

走向社会也是这样，我至今仍记得刚到北京的那几年：公司为每位新人指定了有经验的老同事，帮助、辅导我们。负责我的是王韶泽师傅。

看到自己实验室那一套完整、先进的实验设备时，我觉得自己浑身都充满了力量，有永远使不完的劲儿。公司同组的很多老同事也都主动跟我分享他们多年积累的工作经验。我一度觉得无论做任何事情，身边总会有帮助我的人。

那段时间，我非常勤快，觉得周围的环境非常好、公司未来的发展也无限美好，自己的许多体会也是那么积极、正面。当时的公司里有固定的清洁工，主要负责走廊的卫生，而里面的工作间需要员工自己打扫。看到王师傅在我报到的第一天拿墩布拖地时，我以为这可能是每天必做的事情。

于是，第二天一大早，我赶在他们上班前也学着这样做，见到开水没有打，我也总是在第一时间去打开水。直到一个星期之后，我才知道原来我们并不需要每天做这些事情。

现在想来，大家在新环境中总能感觉到许多正面、美好的东西，尤其是刚进入公司的那段时间，周边的环境无限美好，同事关系十分融洽。这中间，最重要的一个原因在于，这时的我们没有任何组织派系，也不带有任何人的"影子"，更没有能威胁到任何人的实力。因此，对我们勤奋、虚心的态度，大家更容易接纳，即便偶尔犯下错误也可以原谅。

工作之余，我很喜欢去图书馆看书。有一次，我刚从图书馆查完资料回到公司，发现许多同事都在清洁半成品芯片，于是，我也"热心"地跑去帮忙。等到下班前整理芯片时才发现，大家本来已经弄好的芯片被我弄脏了，原来是因为我手上沾着看书时留下的油墨。更可怕的是，因为"好心"，我甚至还弄碎了两个芯片。

在那个薪水只有一千多元的年代，一个成品芯片的价格近乎一万元。幸亏我那时候弄坏的都是还未成型的芯片，而且，因为处在加工制作的早期阶段，损失不至于太大。

可能正是因为自己的认真和勤奋，大家对于我的过错给予了极大的体谅和理解。我还清楚地记得，老师傅们在看到这一幕时对我说的话——这个没有关系的，从头再来就是了。

寒冬里的麦苗

上初中时，每逢冬天，我和伙伴们经常牵着牲口到野外去觅食。一不小心，牲口会跑到田里吃冬小麦，或者将麦苗踩入泥土之中。有一次，它们把麦田毁得特别"惨烈"——麦苗都被踩没了。因为想着"来年肯定长不出麦穗"，所以，我们再也不敢牵着牲口靠近有麦子的地方。

后来，长辈们告诉我：庄稼在冬天时，偶尔受到一些伤害并不严重。麦苗还处于成长初期时，即便嫩芽被踩坏了，它还是能够再次成长起来。因为其根部有着非常强大的生命力，所以表面受到的损伤并不会造成毁灭性的伤害。到了春天，大地内部开始向外散发阳气，那些刚破土而出的种子，虽然只是小小的嫩芽，实际上却形成了很大、很深、很复杂的根基，只是内部的能量还没有发挥出来罢了。

这个道理和人的成长是一样的。无论是学习还是生活，只要明确前进方向，并不断努力，便可为日后的成长打下坚实的基础，即便有小的过错，也不会从根本上影响其成长。

接受"橄榄枝"

1994 年，我刚进公司不久便遇上部门的工会选举。领导宣布选举结果时，我意外地发现自己离全票只差两票。其中一票是自己的，还有一个同事很奇怪地问："谁是高军良？"可以肯定的是，他也没有选我。这个结局大大出乎我的意料，那时我还想，还好没有选自己，万一只差一票是全票，岂不是很尴尬？

这件事也证明，刚到公司的新人，不需要担心自己什么都不懂，没有依靠，没有关系。如果新人能虚心融入新环境，这个阶段会是一个特别安全、宽松、友好的时期，也因为职场新人没有派系，所以容易得民心。

这时新人应该尽快熟悉情况，了解周边信息，了解公司组织架构，各部门分工及人员状况，建立人际关系网，学习必要的专业技能。慢慢地，周围的人都会向你递出橄榄枝。所以，有很多新人在试用期结束后并不一定留在原入职的部门，其他部门也许会给他们一些意想不到的机会。从卦象而言，任何事对于处在屯卦初期的新生物都是有利的。

急于求成的代价

读大学的时候，因为经常参加体育锻炼，我的身体非常好，一天能连打两场篮球。每天我都坚持长跑、器械锻炼，要是碰到下雨天不方便锻炼，甚至会憋得难受。那个时候，我的心率一般是每分钟 60 次左右，而我的同事们一般每分钟都是 70 多次，以致我一度以为自己的心脏有问题，直到后来去医院检查，医生说我的身体很健康。

之后，我了解得知，生理学家发现，长期从事体力劳动和激烈运动的人，由于心脏得到了锻炼，心跳次数比常人要少得多。这是因为，心脏得到锻炼的人，心肌纤维变得粗大，心室壁变得厚实，因此，心脏收缩起来也更加有力，每次跳动输送到全身的血液要比普通人多。这样，即便跳得次数少，由于单跳供血量高，也能满足身体的正常需要。

1994 年的一天，单位组织献血，要求每人献 400 毫升。当时，我仗着年轻、身体好，完全不将休息放在心上。大约在献血后的第三天，我就去逛商场。不巧的是，那天电梯坏了，只好爬楼梯，我走到三楼时突然觉得自己的心跳非常快，心里顿时觉得很慌张。此后大约一两个月，我的身体都不太好。

这个时候，公司刚好要赶着交付一批货，作为科研员的我们义无反顾地选择了加班。那时的我，因为刚到单位，特别想好好表现，所以觉得自己仿佛有一股使不完的劲儿，结果在封闭的实验室一干就是半个多月。

自那以后，我的心跳从来没有低于每分钟 80 次，直到近些年，随着体育锻炼的加强，我的心跳才逐渐恢复到每分钟 75 次左右。

反观身边的很多朋友，跟他们交流的时候发现他们也都有过相似的经历。在入职初期，大家都希望得到领导和同事的认可，谋取一席之地，但有时一味地进取，很可能会给自己带来隐患。人生是一次长跑，不是一时的领先就能改变命运的，更重要的应是耐力与坚持。

古代有一个人找到一位老拳师拜师学艺，几天下来，觉得自己已经入门，便问老拳师："老师，照我目前的速度，勤加练习，多长时间才能练成一流的武艺？"

老拳师说："需要十年吧。"

那人伤心地说："老师，我背负血海深仇，必须尽快学成下山。如果我日夜苦练，加倍努力，需要多长时间才能学成？"

老拳师说："二十年！"

故事中那个急于求成的人就像是初入职场的我们。每个人都想有所作为，这种心情可以理解也值得鼓励，但是事物的成长及发展是需要过程的，急功近利会带给自己负面的东西。

屯卦中所说的"勿用"，是指这个阶段的人和物虽然具备创始、亨通、祥和、坚贞，有成王成侯的潜质，但仍处于萌芽期，因而非常脆弱，在开发利用时有很大的局限性，如果过度开发，就会遭到规律的惩罚。

这也可以解释为什么中国企业的"空降兵"大多会因"水土不服"而阵亡。罗盛咨询公司曾发布过一份调研报告：在很长一段时间里，跳槽人才的生存率不高于50%，有相当一批外企经理人在加入本土企业6个月内，甚至在更短的时间内选择离开。大量的实践证明，"空降兵"的引进效果并不理想，甚至有数据显示中国民营企业引进"空降兵"失败的比率超过90%。

除了高失败率，"空降兵"在企业的"存活"时间也非常短，多则一两年，大多在半年左右就离开。一个企业一年内换两三个人力资源总监的事情时有发生。由于创业人员的背景和内部人才培养等原因，引进"空降兵"是企业的无奈之举，但企业家应该正视"空降兵"失败的几大原因：专业素质不高；"空降兵"在权衡个人利益与公司利益时，缺乏为整体利益负责和贡献的意识；文化难以融合。以上这些因素造成了"空降兵"水土不服的结果。

其实，"空降兵"应该改变自己来适应公司，而不是倒过来。经常有一些企业的"空降兵"口口声声强调"我们的企业怎么好"，但要求他们改变自己适应企业时，就会产生巨大的心理障碍。

除了"融入"存在障碍，许多"空降兵"在"发挥"的层面也极易出现问题："空降兵"总是习惯否定前任领导的成果。尽管在进入企业之前，他也欣赏即将服务的企业和企业的老板，但在进入企业以后，就开始看不惯诸多的事情，对过去的一切都予以否定。

工作环境的变换在人的职业生涯中十分常见。自己在环境变换的初期如同屯卦描写的初期，谨慎处理非常必要，否则轻者碰壁，重者关系生死。屯卦讲到"动乎险中"，就是指新生事物在初期还是要小心谨慎，不可轻举妄动，当以积蓄为主，如果贸然行动，不顾周遭危险的环境，则必然遭受风险，甚至会不被环境所容。

根深才能叶茂

刚参加工作的时候，我学什么都很快，任何事情参与几次后就能记住，包括当时的电子器件工艺。虽然电子器件工艺线很长，环节很多，但只要接触过并向师傅认真请教过，我也能很快学会。

永远参与不到的流程

慢慢地，我发现大领导总是不让我们接触一些核心工序。很多时候，重要的材料和配方都已经完成，我们却永远无法接触到那些关键的环节。我常想，哪怕是让我看一次，可能我就知道了，就算不能知道原始的方法，但只要知道一些基本信息，也许我也能摸索出来。

有一次，我提出参与工程的全部过程，领导口头上同意了，却还是只给我安排了后半夜的班时，甚至到几年后我离开这家公司时，我都没有接触到其中的核心工艺。

多年之后，我才理解领导这样做的原因。他实际上是害怕身边快速成长出一位全能的技术骨干，这会让他失去安全感。

种子的力量

1995 年，计算机技术迅猛发展，许多企业都更新了计算机设备。但公司领导一直不给我们配备新式计算机。我们的 286 电脑用了好几年，而别人都已经开始用 586 电脑，甚至是多媒体机了。我只好利用业余时间跑到其他小组学习。

后来，因为帮组里解决了一个核心技术，我得到了同事的认可，但是在年终报奖的时候，我的名字被放到了最后一个。我觉得很不公平，甚至是气愤，但多年以后，我理解了——毕竟前面的人工作了很久，我只是解决了最后一个问题。如果没有前人的铺垫和前期投入，我也很难做到现有的成果。也许这些都是对我的历练，没有经历挫折的人，可能就不会体会到成功的珍贵。

在职场中，诸如论资排辈、有能力却得不到认可的现状依旧存在，尤其是在国企。我们去餐馆吃饭，不难发现，新来的服务员总是干得多，老服务员则站在一旁指手画脚，只有当餐厅老板出现的时候，老服务员才摆出一副认真工作的样子。

这个时期的我们就像夏衍书中说到的种子，压在石头下面也要"曲曲折折地、顽强不屈地从石缝中长出来。它的根往土里钻，它的芽向地面透，这是一种不可抗拒的力"。正如屯卦中讲到的："磐桓，利居贞，利建侯。"磐桓指的是种子面临土壤的压力而暂时停滞不前的阶段。也就是说，在前进中徘徊并不可怕，只要有积极的心态并努力奋斗，就可以更有效地历练自己，继而成就一番事业。

我们都有成功的潜质

我后来进入一家世界 500 强企业工作。那天，公司的 CEO（首席执行官）来到中国给我们开会，会上设置了自由提问环节。或许是碍于面子，在座的中国区总裁和副总裁，乃至总监级的领导都没有一个人提问，倒是一个实习的小女生提了个问题。

"您大学刚毕业的时候是否考虑过自己有一天会成为公司的 CEO？"小女生有点怯生生地问道。

这位 CEO 很平静地回答："我从来没想过，那时候的我就想，如果有一天我能带领十几个人的团队做事，那该多好啊！"

不要惊叹于这样的答案，我们回想一下，自己刚毕业的时候，一个月能挣几百元甚至几千元就很不错了，很多人都把生存作为那个时候的目标。其实许多有一番成就的人，在一开始工作的时候，他们也不会料到自己有一天能做那么大的事情。

2001 年，我和公司中国区总经理坐车去惠州，经过一所学校门前时，恰逢放学时间，很多孩子活蹦乱跳地从学校出来。司机有点不耐烦了，不断地摁喇叭，这时坐在车后座的总经理说了一句让我深有感触的话："不用着急，我们时间还早，就等等吧，谁能知道这些孩子长大后是不是科学家、企业家呢？"

实际上，每个人在一定程度上都具备成王成侯的潜质，但后面的发展却有天壤之别。因此，我们在事业初期应做好职业规划，心存远大的理想，遇到困难要勇于面对，不能急于求成。

择业不能"跟风"

在职场中，我们经常会看到这样一些情况：如果公司有人才流动的倾向，那么，就会有成批的人辞职。

1996 年的一段时间，我所在的公司有很多同事开始跳槽，没有辞职的同事也开始心里发虚，萌生了想走的念头。

公司的一个部门经理本来很受重视，很有发展前途，但他看到别人跳槽后都不错，也跟着离开了。半年后，因为在别的地方混得很差，不得不打道回府，结果再次回来就不再受重视了，气势也自然弱了很多。

现在许多人在选择职业时，大多是从众心理作怪。从 2000 年年初开始的创业潮让许多人兴奋不已，好多刚毕业的人便一心想着创业。但这中间的大多数人并未找到很好的项目，只是单纯地认为创业是大势所趋，其惨败的结果是可想而知的。

了解三国历史的人对陈宫大多会有这样一种感觉：他是个忠义之人，却未得善终。有人说陈宫是死于曹操之手，但在我看来，陈宫更多是死于自己的盲从——未能找到合适的主公，而且面对曹操和吕布的政治斗争，陈宫的选择很冲动。尽管《三国演义》在描述曹操时着力将其刻画成一个奸雄，但曹操在发现人才、使用人才方面确实有其独到之处。

曹操手下成王成侯的人并不在少数，包括陈宫最后被擒获时，曹操都不忍杀他。后来，陈宫一心求死，曹操还念着当年的救命之恩，为他感到惋惜，许下保其全家老小的承诺。相反，吕布在用人方面却优柔寡断，乃至最后因不听陈宫之言而战败。

屯卦六二讲到"反常也"，指的是在屯的生长过程中，因阅历及经验不足，自己眼光未必足够长远，迷惑重重，此时"君子几，不如舍，往吝"（屯卦六三），也就是说君子应当机警，不盲目跟风，如若贸然前往，反倒容易招致失误。

择业就犹如投靠一个主公，而了解一个行业、建立行业根据地就要充分了解所在行业的公司及其游戏规则，保持积极的心态谋求发展，不要盲目跟风，否则必会有凶险。

欲速则不达

许多有开车经验的朋友都有一个感受，那就是开车技术熟练以后反而更容易出事。刚开车的时候，自己心里没底，所以很谨慎，后来觉得自己的技术很好了，车开得也就快了，这个时候也就容易出事了。事情虽小，却提醒我们做事不要太激进，一味追求速度不一定是件好事。

1996 年前后，我的一位汪姓朋友，研究生毕业，能力也非常强，多次被公司领导提拔，很快便升到了副总监一职。他手里 20 多人的团队也非常团结，总能做出既多又优质的项目。

慢慢地，大家觉得分到手的奖金太少了，而单纯依靠工资又不可能有大笔的收入。他们开始思考，怎么才能多赚点钱呢？在他们看来，有了钱可以买更多更好的设备，更重要的是自己可以过上更好的生活。

汪姓朋友知道了大家的想法后，便在下属的介绍下，开始接一些私活儿，以个人的名义为另一家公司提供比市场价更便宜的产品。

在这种情况下，他们逐渐建立了一个属于自己团队的小金库。一年下来竟攒下不少钱。因为赚钱的缘故，极大地提高了大家的积极性，而这个团队的小组长也升为了经理。

大概一年后，或许是因为分钱不均，或者是因为提干遭到了嫉恨，结果东窗事发，小组长被人举报了。小金库被查封，小组长被撤职。这位汪姓朋友及他的团队在公司变得特别被动。

在这一阶段，屯卦向人们揭示了初生力量长到最高端的时候应该注意的事项，提出"泣血涟如"。它告诫人们，这个时候并非特别坚强，如果处理不当，必然会引发大的危机，也就是一定会碰到伤心的事情，会"哭"，并且哭到最后，眼泪干了就会哭出血来。

事物在异彩纷呈时很容易出事，也正因此，觉得最安全的时候其实最不安全，觉得自己长大的时候，其实自己还很不成熟。十几年前香港的一个朋友对我说："觉得自己马上就要占到便宜的时候，其实很可能就要上当了。别人的成功只能作为参考，不能简单复制，参考也是要先看到双方的不同之处，如果盲目奋进，很可能会栽跟头。"

在中国，人们很容易发现这样一种现象：除了少有的几家老字号以外，中国的百年企业少之又少，但欧洲的许多企业都百年不衰。有一次，欧洲总部的一位老总来到中国，跟我们讨论公司在中国的发展计划，我们提出了 40% 的增长速度，这位老总立即表示反对。他说："增长超过了百分之二三十是不健康的。"我们很惊讶，居然还有人对快速增长表示反对。

后来我从老总身边的人那里知道了原因：在欧洲，公司每年的增长目标就稳定在 10%，在他们看来，盲目的快速增长是反常现象，公司很容易出问题。

纵观企业的发展就犹如一棵树的成长，这棵树要想常青，就要适应周围的环境，慢慢吸取土壤的养分，只追求速度是无法维系生命的。企业只关注表面生长，不注重根部生长是非常危险的。对于新生事物而言，内部成长和外部成长同样重要，在某些特定阶段，只有表面的成长是不会长远的。当企业这棵树越长越大时，枝叶过于茂盛，通常也容易因为"养分"耗需太大而导致死亡。

从老同事身上学技能

2007 年，我带着笔记本电脑前往美国得克萨斯州出差，随身的电脑里有我出差前为会议精心准备的许多重要文件。第二天会议前，我打开电脑，想要查看一下电子邮件。刚打开电脑，一个美国同事从我身边经过，一边走路一边和我打招呼，不小心踢掉了笔记本的电源线。

"Sorry"，美国同事边说边帮我把电源插头插回去。瞬间，我的电脑屏幕黑了，一股白烟弥漫开来。其实，美国使用的插座和中国的不同，很多经常出差的人都会随身带一个万能转换器，以便解决这个问题。结果美国同事将三角插头上的地线直接接到了火线上，电脑被烧了。

看着同事紧张的样子，我赶忙安慰他："没关系，你帮我再找一台电脑就行了。"

愧疚的同事有点不知所措，非常不安地说："找台电脑也没有用啊，你的电脑都烧坏了，难道还能回国去找那些资料吗？"

这个时候，我拿出随身携带的备份硬盘，告诉他："没事，所有的材料在这里还有备份。"

看到移动硬盘，同事才恍然大悟，对我的"先见之明"感叹不已。

"这没有什么，其实都是我从工作中学来的。"接着，我向他讲起1994 年我刚毕业的事情，我从几位领导身上学到的许多至今仍让我受益匪浅的好习惯。

在这之前，从读书到工作，我一直认为自己的记忆力是一流的，因而很少做笔记，认为凭借自己的记忆力完全可以记住相关东西。随着时间的推移，我慢慢发现，对于接触过的很多数据，我需要想很久才能回忆起来，有时甚至根本就想不起来了。

每到这个时候，公司的李师傅总能一一道来。后来我跟李师傅请教，他笑着说："我记忆力不如你们年轻人，但'好记性不如烂笔头儿'。我随身总带着记事本，有事就记下来。"

李师傅除了做笔记，还会把所有设备的说明书都保存起来。实验室有很多设备，不是每个设备都会经常用到，有些设备的功能也很少用到。每到真正用到的时候，就会遇到说明书找不到、有些功能大家都拿不准的情况，这时，李师傅总能笑嘻嘻地从一个柜子里轻松地找出说明书。他的这些习惯慢慢地影响了我，我也学会了经常性地、自觉地保存文件。

除了做笔记和保存文件，我还发现了李师傅的另一个秘诀。当时，因为工作需要，通常完成一个任务需要数周甚至数月。如果遇到紧急任务，单靠加班都不能完成。

但是，李师傅似乎总有神通广大的能力，在公司有紧急任务需要处理时，他竟然在短短几天的时间内就完成了。后来，我们才发现，原来他每次都偷偷地留一些备用材料。正是这种未雨绸缪的意识，让他在发生突发事件时变得很坦然，成为领导和同事心目中力挽狂澜的"救场高手"。

身边的老同事爱好迥异，却各有绝招。尽管他们大多只是中专、大专的学历，但是当我走近他们，却能学到很多书本上学不到的东西。比如负责切割的师傅，我通常要根据测量结果，依靠公式推算操作误差的方向，由于中间推算时变换很多方向，稍不注意就会出错，而老师傅根据多年经验推出开始和结果两个方向的关联，用自己总结的一个简单公式，一套就准，又快又好。

而另一名老师傅不用测量，光凭原材料表面的颜色就知道哪些材料是不合格的。这些从实践中总结的经验让我受益匪浅，也成为我职业生涯中最宝贵的财富。

这个阶段，蒙卦一开始就告诉人们"匪我求童蒙，童蒙求我"，直接指出求教的正确方式不是我去求童蒙，而是童蒙来求我。当我们去求童蒙时，他未必感激，也不会放在心上。只有童蒙主动求教，经历了困难，才会非常珍惜得到的东西，并发自内心地感激。也因此，想要学到别人真正的知识，我们自己也要主动前往，虚心求教。

《礼记》中也讲道："礼，闻来学，不闻往教。"就是说如果想学到他人的知识，只能虚心向他人请教。

"杯茶禅理"的故事对我的影响很大。有人向南隐问禅，南隐为他沏茶。当茶杯已满时，南隐还继续倒。

"师父，茶已经溢出来了，不要再倒了。"

"人就像这个茶杯一样，里面装满了自己的想法。我要不先把你的想法去掉，怎么对你说禅？"

这是一个很老的故事，但是它背后的道理却一直让人回味无穷。我至今仍认为刚毕业的那几年自己成长很快，主要原因就是自己的心态还是很开放的，并且主动向领导请教、学习。而随着工作阅历及人际关系的积累，很多人内心便会不由自主地自"满"起来，从而不能接受新的知识。

其实虚心求教不是软弱，而是内心更强大的表现。自负的人是学不到东西的，即便自己在某个领域能偶尔领先。如果不学习，必然会被别人赶上；如果不虚心求教，就没有人会将真正的知识教给你，我们也永远学习不到精髓。

工作注重举一反三

都说老师喜欢聪明的学生，这一点，不仅在学校如此，在职场也十分适用。

一方面，或许是因为前面提到过的空杯心态让我从前辈身上学到了许多东西，另一方面，也因为我擅长在工作当中举一反三。从 1994 年到 1995 年，尽管我只是一个毕业一两年的新员工，却得到了公司领导的认可。

当时直接带我的王师傅在研究配方时遇到了一个棘手的问题，而且尝试了多种办法也没有成功。没有想到的是，我竟然凭借在学校里的知识和经验解决了这一难题。

说到解决问题，得先交代一下我在学校里得到的经验和体会：1993 年，我的导师曹老师接到了一个紧急任务——前往西北某地分析一个实验失败的原因，并解决元器件性能问题。

当时，曹老师提着一个自己常用的黑色手提包，我看到包里放着一个"砖头"——一种实验专用的垫砖。"您去的实验室里没有这种垫砖吗？"站在一旁的我有点疑惑。

"我怀疑就是'砖'的问题。"曹老师笑着回答。我后来得知，对方有一定的科研实力，对产品配方也非常熟悉，有个别员工还是曹老师的得意门生。对方用的原材料样品也已经化验过，没有什么问题，同样的材料也在曹老师的实验室做出了合格的产品。

"大家遇到问题就往复杂的地方想，想创新就把能变的地方都改变了，但现实问题很复杂，能少改动最好就不要多改动，对方单位把垫砖、配方全变了，我就怀疑新垫砖的成分影响了材料，我的'砖头'用了好几年了，我带上它去试一试！"

三天后，曹老师回到学校，告诉我实验的结果——的确是"砖"的问题，而且因为他带的"砖"，配方的问题也解决了。

也就是在这个实验之后，曹老师向我们传授了他此次实验成功的诀窍——解决复杂的问题，不要轻易改变很多地方，能不变的尽量不变。

同样的一个事实也说明了这个问题：1998年，我去青岛的两家公司参观学习。当时，他们都在研究一种新型变频空调。其中一家公司的项目是由一个比较年轻的硕士负责，他们项目组把很多新技术都组合到了一起，试图找到最新的变频技术。

而另一家的项目负责人是一位年龄较大的前辈，起步晚，但他们推出新产品的时间并不晚。有一次，我们在一起聊天时，他说："能不改变的技术我尽量不变，能沿用的技术尽量沿用，创新只集中在一两个地方，这样出了问题我便知道错在了哪里。"

再回到王师傅的配方问题，我发现，如果实验不成功，王师傅会推翻许多东西从头开始。也因此，王师傅用了很长时间却依旧找不到失败的原因。遵循曹老师的经验，我把确定没有问题的地方不做改变，只实验几处可疑的地方，很快便解决了这个问题。

谦虚求教，会让被求教的人容易接受，也会容易让他与你分享自己的知识。但是要学会举一反三。"至圣先师"孔子对他的学生说："举一隅，不以三隅反，则不复也。"意思是说："我举出一个角，你们应该灵活地推想到另外三个角，如果不能的话，我也不会再教你们了。"这也正是成语"举一反三"的由来，意思是说，学习的知识要灵活地运用到其他类似的事情上。

寻找适合自己的"梯子"

古人很早就说过："人往高处走，水往低处流。"因此，看到"梯子"就想爬似乎是大多数人的本能。但是，是否每个"梯子"都适合自己呢？

1994年，我面临毕业，越来越多的公司来学校招聘，给学生放下了一个又一个"梯子"。当一家很有名的国际通信公司把它的那架"梯子"放在我们面前的时候，因为其光环和对外企工作的向往，我们毫无例外地挤向这家公司。

当时，我认为自己各方面都符合该公司的要求，但录取结果出来后，上面却没有我的名字，反而赫然写着另外一个室友的名字！怎么可能？要知道，他的综合成绩平平，专业水平一般，动手能力也不是很强，以至于每次都是大家的打击对象。

我感到非常沮丧，我不甘心地跑到面试官那里去问他为什么没有选择我。面试官没有回答。直到1995年，我再次和这家很有名的国际通信公司接触，我才发现自己当初没有进这家公司是多么幸运。因为这家公司是制造型企业，需要严格按照固定的工艺重复生产。这样的企业根本不适合那些喜欢创新、喜欢学习新事物的人，当初的那个技术职位也完全不适合我。

但看见"梯子"就想爬依旧是很多人不变的本能。1994年，我所在的公司很有发展前景，而且凭借我的能力和表现，很可能是领导要培养的接班人。结果却并非如此，领导还是将"梯子"给了一个姓陈的同事。在当时，我们的差距是明显的，他无论在年龄，还是学历上都不占优势。唯一可以说服我的是，陈姓同事非常珍惜这个机会，而且动手能力非常强，严格按照老师傅的套路操作。

在当时的理解中，我认为不培养我而培养他是很没有道理的事情。直到许多年后，我才明白领导当初的用心良苦。2000年，老领导已退居二线，他培养的陈姓同事顺利接了班，陈姓同事很快便将他返聘回公司，从而有力地保障了自己顺利过渡。陈姓同事可谓是众多培养人中最为知恩图报的一个。

我们现在人人都在讲变革，都在讲创新，事实上，不是每个人都一定要创新。国外把销售人员分为"Farmer"（农民）和"Hunter"（猎人）两类，有人喜欢或适合在现有的岗位上重复劳动，有人喜欢到处体验不同的生活。这仅仅是性格的不同，没有对错、好坏之分。Hunter 非要做 Farmer 或 Farmer 非要做 Hunter 都不会长久，也很难做好。

古人云："有所为，必有所不为。"刚入职场，可以说很难找到自己的方向，但一定要明白自己做不了什么或不要做什么。在《高效能人士的七个习惯》中，有一段非常有意义的论述：我们不能匆匆忙忙就往上爬，到头来发现梯子靠在了错误的墙上。中国也有句古话："不要光埋头拉车，还要抬头看路。"这些无一不是很好的道理。初入职场的人最重要的是找到属于自己的"梯子"。从事什么工作不重要，重要的是要适合自己。

慎重转型，避免"羊到狼圈"

在新环境中，对于大多数人来说都是痛并快乐的。工作中会有很多精彩，也会有很多不可知的游戏规则，稍不小心就会出错，甚至还会断送自己的前程。

人们常说"商场如战场"，对于技术型人才来说，要转型从事销售是很困难的，这其中最大的难度在于，你打交道的对象由一堆设备转变为人这个复杂的群体。

1997 年，我试图从单纯的技术工作向电子商务转型。我当时接触的客户中有一家小公司，地处中关村。当时的中关村真的就是个"村"——完完全全的电子商店，密密麻麻而又散乱地沿街开着，街上涌动的人和叫卖声夹杂在一起。走在"村"里，如同逛庙会。

在我将货交给那个客户时，他像往常那样直接将现金给我。这是一个已经很熟的客户，不过就在我要将现金放到包里的时候，我突然觉得为了安全起见，还是当面点清钱款比较好。结果数完后，我发现少了100元。

"少了100元。"在我说完后，客户从自己衣袋里拿出一张百元大钞，放在之前给我的那堆现金里。我一边为自己的谨慎感到庆幸，一边为客户有意为之而心寒。我不禁想：如果自己没有数钱，这100元的损失必然得由自己来买单，而且，我们可能就不再合作了。

之后的一次经历让我在工作时更加严谨，并时常有一种如履薄冰的感觉：

那次，我给一位老客户订了两批货，按照公司订货规则，必须缴纳一定的订金才能下订单。在收到第一批货款时，客户下了第二批货的订单。也是出于信任，我将两批货一起发给这位客户。

结果客户找不到了，我没有收到第二批货款，因为货款比较多，公司要求我必须追回。客户留的地址只是一个大概的位置，我在无意中回想起客户提到他家小区的名字，就跑到他家小区门口堵他。终于，我拿到了第二批货的货款。

从那时起我才知道，任何信任都像一把双刃剑。当它与利益发生冲突时，它就成为了一种伤害，而我只能不断地成熟起来，掌握各种防骗手段，确保自己在商业竞争中不被欺骗。

也就是从那时起，我在每次交易时都很谨慎。有一次，一家新成立的公司想做汽车电子点火器方面的产品，需要跟我们公司洽谈合作事宜，为了让我放心，老板将其公司的营业执照、专利证书等原件都拿给我看。

不过，在他要离开的时候，我还是提出希望可以将这些材料拿去复印一份，以便将材料带给公司领导审核。那位老板没有生气，还对我的这种行为大加赞赏。他开玩笑说："你这么细心，以后一定能当大领导。"

事实上，尊重都是相互的，在细节上的谨慎非但不会破坏合作之初的信任，反而为以后的良性合作奠定了基础。

有个人做了总裁后，别人问他："为什么你能做到这个位置。"

他说："因为我能做出正确的决定。"

别人又问："为什么你能做出正确决定？"

他说："因为我做出了很多错误的决定。"

深圳有一家很有名的供应链外包公司，老板周国辉用 10 年的时间，成功地将 50 万元的生意发展到了 400 亿元。有一次我问他为什么能成功，他说："我能挣钱是因为我赔了足够多的钱，交了足够的学费！新生行业的新规则是要花费巨大的代价才能学到的。"

大学毕业后的 10 年聚会，我发现 90% 的同学从事的并非本专业领域的工作，由此可见职业生涯中变换工作是很正常的事情。但新的行业往往都有很多游戏规则，在每次换工作时，尤其是进入全新的领域，唯有谨慎对待，才能避免羊入狼圈。

《易经》蒙卦中讲道："困蒙，吝。"是指这个时期距离成功还很遥远，并且得不到援助，因而蒙昧困顿，十分懊恼，也容易脱离群体，以致孤立无援。此时若不熟悉游戏规则便盲目跟进，就必然面临风险，不是得罪人，就是进入陷阱。

职场智慧：新人入门的 4 个智慧

屯，本义为小草初生的艰难。屯字的"一"象征地面，也指成长中的压制和困难。"凵"象征种子发芽生长，将外面的保护层一分为二。"乚"象征种子艰难地伸出地面，向下已经有了坚固的根基。

　　寒冷的冬天，幼苗无法生长，但它并没有停止自己的生命过程，而是将自己的根部不断往温暖的土壤深处伸展。冬去春来，种子的芽从地下蜿蜒而上，终于冲破土壤的压力，冒出地表，长出娇嫩的两瓣小芽，在风雨中挺立。怀着对未来的憧憬，欣欣向荣、茁壮成长。

　　在《易经》中，初生事物为"屯"，这一阶段虽然具备了成王成侯的根基，也有很强的生命力，但不代表一定能顺利成长。这个阶段为蒙昧阶段，需要很好的教育和引导。

　　蒙卦意在阐述这个阶段会出现的风险以及解决办法。首先在态度上应该是虚心主动地向别人求教，无论自己资质多好，不主动求教，别人不会主动教你。求教后应该认真消化对方传授的知识，学会举一反三。反复问雷同的问题会招致别人反感，这也背离了自己谦虚学习的本意。

　　在六十四卦中，蒙卦与屯卦有相反相成的性质。蒙卦象征启蒙、亨通，其直译为不是我有求于幼童，而是幼童有求于我，第一次向我请教，我有问必答，如果一而再，再而三地没有礼貌地乱问，则不予回答。

　　结合屯卦和蒙卦，首先职场新人要有冲破层层阻碍的勇气，然后要虚心求教，在工作中学会举一反三。在复杂的学习环境中，职场新人需要注意以下 4 个关键点：

1. 职场新人在新环境中将获得很多机会，应在职场初期设立远大抱负，作好职业规划。

2. 职场新人应注意韬光养晦，切勿急功近利；身处纷扰中，切忌盲从。

3. 有疑惑时要主动请教，并保持空杯心态，自不量力必受重创！

4. 环境转变时，学习的速度有可能跟不上环境变化的速度，要谨慎面对潜在的风险。

反思：

有疑问怎么跟别人请教？

你努力爬的是你自己的"梯子"吗？

得到机会后应该注意什么？

怎样看待成长过程中外界的责难？

第二章
CHAPTER 2

力守正道，直面职场冲突

　　当我认为自己很有实力时，但实际情况并非如此，因为外界的纷争才刚刚开始。这个时候，我不愿选择逆来顺受，而是选择迎难而上。在经历众多钩心斗角的职场争战后，我终于明白计为利益而生，职场之争万分凶险，关系着自身和公司的存亡，所以我必须步步为营。只有让自身力守正道，做到中庸、公正，不好战喜功，才是为"师"之道，才可能战无不胜。反之，则是玩弄权术，心存凶险，必招自辱。

一不小心差点被牵连

经历了萌芽与成长之后，对机遇的渴望愈加强烈起来，但因为自身非常弱小、分辨能力很差，身边危机重重却浑然不知。就在我以为遇到"贵人"之际，却发现自己差点被牵连。此时的自己才知道保持距离、谨慎做事是多么重要。也恰是这些纷争，让我开始懂得如何端正自己的心态，迎战这"异彩纷呈"的变动和不时出现的不速之客。

1998 年，通过多轮面试后，我进入了全球最大的电子公司从事销售工作。作为世界 500 强企业，公司为职工提供了优厚的待遇、优良的工作环境、先进的 IT 设备，还为每人配备了电脑和手机，出差时住五星级酒店。

公司还非常重视对员工的培训。那时候，员工手册上赫然写着全年中除去专业技能培训以外的职业培训不得少于 40 小时。如果在年底达不到要求的话，分管领导会受到处罚。

以演讲培训为例，公司领导聘请专业的培训师对员工进行培训。在培训中，培训师会用摄像机记录下我们每个人的一言一行，大到站姿、手势，小到眼神。记录后一遍一遍地回放，一对一地给员工分析，指出问题所在，并在我们改正后再次录像，再次回放，一次次地现场演练，从而保证我们得到有效的提升。培训几天之后，每个人都有很大进步，从录像里看，培训前后的我们已是判若两人。

进入世界 500 强公司上班，又接受正规的培训，我觉得自己将在公司里得到很好的发展，尤其是遇到了我的"贵人"——公司北方区首席代表唐领导。虽然我的专业基础还不错，但在业务方面绝对是个新人，英文水平也很一般，实际上我认为自己还有很多欠缺的地方，但是唐领导却看中了我。

唐领导，香港人，40多岁，已经在公司工作了近10年，可谓是公司的元老了。更重要的是，他非常重视对我的培养。那时候，唐领导分管商业销售部、生产部，我所在的销售部有三四个同事，我常常觉得他对我有一种说不出来的照顾，比如经常鼓励我、夸奖我，甚至还让我和他一起去见客户，并在与客户的交谈中流露出器重我的意思。

对于他的种种"厚爱"，我内心充满了感激，并告诉自己一定要为公司和他的业务发展尽心尽力。只要是他的忠告，或者是他安排的事情，我完全听从并尽力执行。有时候，即便觉得稍有疑惑，也宁愿保持"不过问"的原则避而不谈。

可是，经过半年的接触，我开始隐约感觉有些问题，因为我经常在约谈客户时"听不懂"一些"话"。与此同时，也有一些同事开始提醒我，在跟随领导的时候要多留个心眼儿。

直到1年后，唐领导被公司审查，我才知道，他和客户代理之间存在着许多灰色收入，这一次是因为政治斗争牵扯出了这些问题。也在这个时候，我才得知，其实在我入职的前些日子，跟随唐领导多年的销售员小魏，因怀疑唐领导可能存有灰色收入而被唐领导辞退。

幸运的是，唐领导被辞退的时候我并未涉及他的灰色行为，所以只是被调换了部门，并在新部门里也得到了领导的信任和重视。

现在想来，虽然自己能轻松地解决专业领域的问题，但就实际工作而言，那时的我仍然处于初级阶段，对专业技术也并不熟悉，社会关系也很薄弱，这种状况并不足以支持自己做更大的事业。

由于经验不够，我因感恩而太过信任别人。有上进心当然是好事，但不能因个人义气而不顾公司利益。社会很复杂，而我的分辨能力还很有限，感恩虽然是好事情，但是在大是大非面前，绝对不能以表面现象作为判断事物的标准。

经历过屯卦的蜕变、蒙卦的教育，随着专业基础的强化，职场生涯开始呈现出驾轻就熟的情形。而且，随着人脉资源的积累，身边的社会环境也开始呈现出便利化、融洽化的特性。

"君子朋而不党"，孔夫子的这句话说出了君子之间交往的一个道理，那就是有共同的理想、共同的价值取向，但绝不能"结党营私"，像"小人"一样，为了所谓的共同利益拉帮结派、党同伐异。

受个人利益驱使所获得的成功是暂时的，结交的朋友亦不牢固。如果彼此只是互相利用的关系，一旦个人利益得不到满足就会出现裂痕，进而在自己的阵营里发生内讧。初入职场者不得不防。

把坚持当成一种能力

1998 年，在唐领导"夭折"后不久，公司又调来了一个新加坡籍老板。没过几个月，两个来自香港区的老板也"驾到"了，负责统管内地和香港区业务。因为两位老板来自香港，所以只重视培养香港方面的人员，在分配项目时也有着明显的个人偏重。

在新加坡老板调离前，公司正在与一家较为知名的公司合作一个空调器项目。该项目已经进行了六七个月，我负责整个项目的实施，并且有一位新加坡人为我们做技术指导。

香港老板来了就开始整顿。其中的一位几次向我们传达：包括空调器在内的本地所有项目，香港方面将成立新的团队负责技术支持，不再聘用新加坡的技术人员。

我对这一决定表示反对："新加坡的技术人员对这类项目很有经验，如果现在中止，无论从市场还是从客户角度来说，都不是解决问题的最佳办法。我认为应该继续聘用新加坡的技术人员。"在我看来，我们更加了解一线情况，也更明了客户和市场的需求，所以，我们的判断应该是最为正确的。

香港老板对我的这一反应感到很意外，但并未马上做出回应。后来，他多次给我打电话表示："你一定要知道，我们做出的每个决定都是以项目为依托的。""这是公司的策略，香港方面需要培养自己的团队，他们不懂的可以学，需要给他们机会。"试图给我施加压力。

不过，因为我所提出的建议是中肯且客观的，香港老板不得不采用了我的建议，继续沿用了新加坡的技术支持，使得项目得以正常进行。但是，为了报复，在员工年底综合素质评估上，香港老板只给了我2分（总分为5分），并评价我"配合能力较差、积极性不够，对客户不了解，需要自我反省"。尽管香港老板给了我很差的评价，但我们顺利完成了合作项目，也得到了客户的认可，市场证明了我的决策是正确的。所以，我至今认为自己当初的坚持是有价值的。

现在想来，在职场早期的成长过程中，即便我们比别人更有能力，也要意识到获得别人承认的可能性也许很小。因为在公司没有足够的影响力，即便说的是对的，做的是对的，甚至看得比别人远，却难免被认为是错误的。相反，如果在公司占有重要位置的人，就算他们的观点并非完全正确，他们也很少受到别人的质疑。但我们不能因暂时的挫折而放弃，应坚持走自己的路。

正如《易经》中需卦讲的"小有言，终吉"，虽然不会有大的灾难，但会听到责难的话，不过最终还会吉祥的。进入新环境的人应认识到，虽然自己经历了困难，学习了新知识，但自己还很弱小，还需要成长。

可能会有一些闲言碎语，会有对自己持怀疑态度的人，但这不是最重要的，只要一直坚持自己的信念，流言终会消失。

人事变动，应有三朝元老的定力

都说"铁打的营盘，流水的兵"，很多在外企工作的人会发现，巨大的人事变动似乎是一种常态，有时候，也有可能是"铁打的兵，流水的老板"。

1998 年至 1999 年，公司的中国区首席代表分别由德国人、新加坡人、香港人担任。频繁的领导变动让我变得无所适从，除了不知道自己归属于哪个领导外，我甚至觉得各位领导都不知道我的存在。无论是培训还是升迁，好像总和自己没有关系。业绩方面，也总是平平淡淡，还常因在领导面前反应较慢而被漠视，频频被"修理"。

2001 年，我在一家美国公司工作时，和一位来自中国台湾的高管见过一次，在谈到职场管理者身份变化的时候，他的一段话让我受益匪浅："王朝更替的时候，其实最痛苦的并不是在位或者退位的那些人，而是遗老。因为这个过程中面临着许多变化，面对新规定，保守派会因为守旧而被耻笑，改革派也会遭遇到保守派的大力阻挠。"

"那你会怎么办呢？"我急切地问道。

"我至少会在礼节方面做得很好，不管是否支持领导的做法，我都会放平心态，静静地等待事态的发展。"他答道。

一语完毕，让我茅塞顿开。回过头来，我认为自己之所以被无视，主要在这些方面有着明显的不足：

首先，看不准形势，对于局势的变化没有足够的预见性。相反，与我这样的年轻销售员不同，老销售员则总是有自己的几把"刷子"。在问题还没有发生的时候，他们已经有了一定的预见性，并且开始作准备；新领导上任后，他们能很快探听到新领导的办事风格，从而很快地适应了新的领导方式。

其次，自己欠缺良好的沟通能力，而且从来不会主动去了解领导。不得不说，每个管理者都有其独特的优势。不得不承认，每个管理者的差异都非常明显：德国人重视传统行业的发展，注重对组织机构的建设，擅长人性化的管理，注重员工福利；香港地区的管理者则更倾向于渠道策略，他们重视代理商的开发与维护，并且很推崇本土化技术；新加坡的管理者对全球化技术和战略合作有较强的认识。

最后，总喜欢坚持自己的一套理论，一根筋，很少跟上级领导沟通。也正是这种思维方式，让我沉浸在自己的"王朝"中，看不到新的发展趋势。那时的我却总是单纯地认为自己是最好的销售员，而且一门心思地认为只要把项目做好就可以了。进而对身边的变化反应迟钝，更不用谈把控能力了，以至于在互动方面表现得很差劲。

太极中讲究"急则急应，缓则缓应，不变则不动"。这句话告诉我们，与外界的互动是非常重要的，而且强调并不是自己在动，而是应该顺应环境的变化做出相应的调整。

在这点上，"三朝元老"陈平的故事或许能给我们很大的启发。西汉最具传奇色彩的谋士陈平，从小父母双亡，在哥哥的抚养下长大。成年之后，他先后投靠过魏王及项羽，但都没有什么建树，最后陈平投奔了刘邦。

吕后专权时期，他在吕后面前装糊涂，却暗中与倒吕派接触。吕后死后，他又帮助周勃消灭吕氏一族，拥刘恒为帝。陈平深受刘恒器重，先后担任过右丞相和左丞相。

人生如棋，棋如人生。一步走错，全盘皆输。生逢乱世，一不小心就性命不保，而陈平却能逃过灾难，化险为夷。连任三朝丞相，号称官场不倒翁。原因之一是他聪慧过人，能洞悉人心；原因之二就是他积极与外界互动，顺应变化的环境做出相应的调整。

需卦中有"需于血，出自穴"。强调的就是陷入变化的危险环境，不可逞强，应当顺应变化，才能化险为夷。由此可见，"急则急应，缓则缓应，不变则不动"是多么重要。现实中今日风、明日雨的情况比比皆是，每种机遇后面都暗藏风险，想要立于不败之地就应该顺应环境，谨慎对待变化。

与产品经理的博弈

自 1998 年开始，我的职场生涯可谓步履艰难，新领导对我们的工作指手画脚。公司还是不断发生人事变动，1999 年，公司负责家电类的产品经理是一位新加坡人。

这位新加坡经理非常积极，一到岗就向我们发出了许多不友好的邮件。一会儿指使我们做这个，一会儿又安排我们做那个，还经常问我们是否有进展，再指责一下我们都有哪些做得不够好。有时候，某些项目由于客户或一些不得已的原因被延迟了，我们更会遭到指责。一时间，我们觉得自己的处境非常尴尬，负面情绪便不自主地蔓延开来。

之前，因为经常遭遇被"修理"事件，我们已有不满情绪，此次，更因为产品经理的"无理取闹"（有一个项目虽然已下单，但并未投产，所以我们还没有跟进，产品经理指责我们消极怠工）而雪上加霜。终于，我和另一个负责该项目的同事爆发了。

　　我觉得他可能是新官上任三把火，急于否定前人，以便树立自己的威信，尽快找到自己的位置。但在这个过程中，火势太大，以至于将我们也卷入其中。

　　就在产品经理不友好的信件将我俩都骂了之后，我们决定"起义"——只要产品经理在邮件里含沙射影地指责我俩中的任何一个，我们必然奋起反抗，集中力量对付他。如果产品经理将邮件发给我的领导，我们也必然会将回复的邮件发给他的领导，以至于知道这件事的领导越来越多。

　　两者相争，绝对不会只是一个人的过错。在当时争论的过程中，敌我双方可谓是势均力敌——因为英文和中文都是新加坡的官方语言，产品经理的英文也非常棒，在以英文为工作语言的外资公司，以发英文邮件来指责我们成为他的强项。但因为他当时刚来公司不久，对我们的产品，包括人事情况并不熟悉，所以又难免在邮件中出现漏洞。

　　就在相互的邮件来往中，我们打得不亦乐乎。有一次，他在邮件里说："你不该如此和一个高级总监说话。"我抓住这句话的毛病，直接回复："在公司里面，有职务这一说，但在市场和事实面前，没有职务高低，只有对错，nobody can stop me telling the truth even if he is a director（即使他是老总，也不能阻止我说出事情的真相）"。尽管我英语很烂，但我认为自己这一仗打得很漂亮。

　　最终，上级领导不得不出面解决这件事情。亚太区老板拿着我们来往的邮件（打印出来的），径直走进了产品经理的办公室，面带微笑地说："你看，你说我们的销售员什么都做不好，就是被人骂了也不会反抗，不会还手，今天看来，我们的销售员还是敢打的啊！"

　　他这种话无形中给了我们巨大的动力。他的意思是，你这位产品经理在管理和技术支持两方面做得都不好，受到修理也是可以理解的。

当时的实际情况是，亚太区的副总裁负责销售工作，从其内心而言，他对这位产品经理并没有什么好感——产品经理不过是仗着自己是总部派来的而"欺压"销售人员。另外，原有产品经理一直空缺已经让其有些不满，好不容易调来了产品经理，却又或明或暗地否定自己的工作，因而亚太区的副总裁也开始帮我们出谋划策——私底下和我们通气，甚至暗地里告诉我们产品经理的弱点和应该采取的打击方式。

更重要的是，亚太区的副总裁也觉得我们受总部牵制太多，认为我们应该强势一点。因此，尽管这位产品经理英文很好，年龄比我们大，经验比我们丰富，却并没有在这场战役中占到任何便宜。以致最后一次和我们吃饭的时候有点像霜打的茄子——蔫了。

以往，只要换老板，我们总是频频挨骂，或者被告黑状。而从那场战役后，我们有了一种当家做主的感觉。

在讼卦的初始阶段，我们会在恶劣的环境中待很久，但我们也会成长。因此，希望做一些事情，以致有些急于求成，当没有特别踏实的靠山时，就容易发生小争执。但只要时间不是拖得很长，问题不是太大，这些争执最后都能够得到解决。尤其是上级领导中有人了解情况，可以为我们提供支持的时候。所以，在我们遇到困难时，不能一味忍让，我们应维护自己的正当权利，坚持下去，困难终究会过去。

谨慎对待不速之客

1999 年，为了更好地了解亚洲市场，总部从印度抽调了一位领导来担任产品总监，负责管理功率器件产品线的项目。

当时，在我们看来，这个领导根本不熟悉公司的业务，也不了解公司的产品，却总是对我们的产品、客户有说不完的意见，甚至对我们的发展方向也产生了怀疑。提出我们应将工作重心放到汽车电子市场上，这让我们这个在中国有着广泛客户关系和良好客户基础的本地团队着实觉得好笑，并不时想要"嘲笑"他一番。

因为看不惯这位"钦差大臣"的作风，我便一头扎在工作上，懈怠了与领导的沟通，结果导致自己乃至部门成员经常被"修理"。那段时间，印度的这位产品总监经常向总部汇报，说我们的"市场不好，与客户关系也很一般"。

因为是总部委派的"钦差大臣"，所以，跟总部的关系自然要比我们好很多。另外，也因为他们懂得沟通，所以我们这些基层员工很吃亏，不得不经常写检讨。好在这位总监待了几个月就走了。

在处理人际关系方面，胡林翼的故事可以给我们很好的借鉴。胡林翼是晚清中兴名臣之一。在他作为湘军领袖、湖北巡抚时，可谓是"身处一州之任，而系天下之重"的关键人物。有人甚至说："胡林翼在未死之前，对于湘军的控制和影响力大于湘军的创始人曾国藩，功劳、贡献也应排在第一位。"

那么，胡林翼当时是如何处理同僚、部下之间的关系呢？赴任之初，处理好与湖广总督这位满洲文官的关系成了他最重要的事情。当时，同城而治，巡抚、总督互相牵制已成惯例。而在战争时期，作为满人的湖广总督官文实际上就是朝廷的化身，同官文的关系就是处理同朝廷的关系，倘若处理不慎，胡林翼就算有冲天之翼也难以施展其才。

刚开始，文官与军队将领的关系并不好，"督抚相隔，往往以征兵调饷，互有违言，僚吏意向，显分彼此"就是当时的真实写照，后来胡林翼意识到文武不和难成大事，也难以削平巨寇，于是亲自拜见官文，推诚相结。

薛福成在《庸庵文集》中记载：官文为其宠妾做寿，到了生日那天，湖北官员都因官文为一小妾做寿而不愿前往。因此，寿宴当天很是冷清，正当官文愁眉不展之时，胡林翼领着一家老小来给官文宠妾贺寿。众官员听说胡林翼带着家眷、拿着贺礼去给官文宠妾贺寿，便纷纷赶来，场面很快热闹起来。

官文宠妾也破涕而笑，官文心里更是感激胡林翼的搭救之情。官文宠妾自幼丧母，后来便拜胡老夫人为义母，从此两家往来甚密。

胡林翼与官文交好，将功劳都推给官文，由此可见，胡林翼为了中兴朝廷，有利于国家，从不计个人得失。推演到现代职场中，我们应该和胡林翼一样，掌握一套应对身边不速之客的良策。

反思当时总部调来印度领导一事，很有可能是总部派他来了解中国市场的。对于总部而言，他是否专业并不重要，重要的是总部对他的信任。而我们当时作为中国市场的主要工作人员，有义务帮助他全面了解情况，但由于我们的抵触心理，导致双方的关系一步步恶化。

事实上，在外资公司，尤其是领导层，经常会遇到类似的问题。2005年，当我在一家瑞典公司担任中国区总经理的时候，为了彻底打消总部对本地员工的疑虑，我就主动向总部提出要求抽调来一些外籍员工。

不久后，几位外籍员工被抽调过来，怎么处理和他们的关系也就成了我当时最重要的工作。我首先主动与他们交流沟通，回答他们提出的一系列疑问，并为其创造很多与本地员工的合作机会。经过几个月的相处，大家逐渐从同事变为朋友，我们也取得了公司总部的信任与支持，直到后来，总部决定加大对中国的投资并成立了分公司。

在成长的过程中，我们会经历很多事情，也必然会遇到许多"不速之客"。他们有的是来历练自己，有的是老板的耳目，所以我们需要谨慎对待这样的人。正如需卦中讲到的"不速之客三人来，敬之乃终"，正是提醒我们要重视，更要尊重"不速之客"，处理好与他们之间的关系。

化解合资公司与客户的矛盾

自从进入公司，我就要求自己做一名优秀的家电销售专家，争取拿到更多的订单，并从中获得更多的业绩提成。但我的愿望并未顺利实现，而且还不断受到干扰。不断出现的纷争和人事变动让我变得非常被动，在短短几年中，我甚至都搞不清自己的领导是谁。繁杂的组织架构——中国总部的香港帮、亚太总部的新加坡帮互相制衡。这种种问题让我和同事疲惫不堪。

更重要的是，面对这种变故，我不能像老销售人员那样巧妙地应对，自己总是很容易就被卷入其中，被人当枪使，处处得罪人。那段时间，我经常因为害怕得罪领导而不知道怎么回复邮件。

这种逃避不了的尴尬让我萌发了辞职的想法。终于，2000 年我离开这家公司，转入了一家美国公司。

俗话说："天下乌鸦一般黑！"而我并没有找到自己想要的那片净土。新的工作很快就给我出了个难题——上海的合资公司将产品卖给 4 家客户，在买卖的过程中，合资公司和客户之间出现了很多矛盾，而产品中所用的芯片都是我公司生产的。

最终，我被公司派去协调他们之间的关系。其实，我不愿去做这个工作，但是我发现不解决问题已经无法继续合作，所以，只能硬着头皮去处理已经出现的种种难题。

开始，遵循领导的建议，我听取了多方意见，并努力在这个过程中保持公正，努力不带任何个人色彩。在处理问题时，我不断告诫自己要就事论事，无论是哪一方的问题，都不能责备对方，不必追究谁对谁错，重要的是以最快的速度解决问题。

我首先前往上海合资公司了解了他们的意见，在他们看来，客户不断改变的需求标准、拖沓的付款流程，让他们搞不清到底该以什么标准生产产品。

我没有完全相信合资公司的说法。因为代理商和这家合资公司也有很多相似的业务往来，所以，我找到很多代理商了解情况。也因此，他们成了我曲线了解合资公司很好的突破口。据他们反应，合资公司经常在签单、收款后不能按规定交货，而且他们的产品还经常出现问题，甚至还因此打过官司。

知道了这些情况后，在代理商的帮助下，我将合资公司的管理人员约到公司之外的地方见面，与他们真诚地交流了一次。首先，管理人员说客户给的标准不统一，所以经常影响他们的生产。但在我反问"你们的决策是否存在一定的问题"时，他们也承认公司在决策方面的确存在一些问题。心里有底后，我前往合资公司进一步了解情况。

经过多方调查后，我来到了客户的公司。首先，我放低姿态，表示自己是代表合资公司来道歉的，耽误了贵公司的工作进度，的确是我们的过错。客户的领导在听到这种表述后，感到我是个可以深入交谈的人，于是开始滔滔不绝地说起来。尽管他说的许多情况我都已了解，但为了平复他的情绪，给对方一个倾诉和发泄的机会，我还是认真听完了他的诉说。

在客户领导说完后，我开始表态：在合作的过程中，肯定存在一些问题，我们应该本着解决问题高于一切的态度来积极应对现有的矛盾。为了让客户打消激化矛盾的想法，我还适时地借用了合资公司管理人员的一些话来提醒客户，他们也并非完全没有责任。经过沟通，客户也做出了让步。这个时候，我向他们保证：虽然目前还没有很好的解决方案，但我承诺这个问题将会得到有效的解决。

接着，我与合资公司人员召开会议。我首先对他们能在短时间内做出产品表示敬佩，这也充分显示了合资公司的能力与实力。但在执行过程中，没有帮客户更好地解决问题，还由于项目的延期影响了客户的业绩，这说明合资公司内部还是存在一些问题的。

最终，合资公司也同意做出让步，客户也承诺不再要求赔付。至此，问题得到了圆满解决。通过这个事件，我认真思考后，有以下几点体会：

第一，不要陷入纠纷。

"疏不间亲"这句古训流传已久，说的就是君子不应掺和别人的"家事"。在面对职场关系时，这句古训也可谓实用。我化解的这场纷争，很大一部分原因在于我事先就告诫自己一定要置身纷争之外，以一个局外人的身份看待问题。但在现实工作中，很多人解决问题时都未能很好地把握这种分寸，有时问题还没有解决，自己就已经得罪了对方。有时更是两边都不讨好，争执的双方都来攻击自己。

第二，转移双方矛盾。

《三国演义》中"吕奉先辕门射戟"说的就是，吕布以他精湛的箭法平息了一场战争的故事。袁术派大将纪灵攻打刘备，希望吕布按兵不动，所以派人送去粮草和密信。刘备考虑到自己的实力，希望吕布能助自己一臂之力。

吕布既不想放弃粮草，又不想得罪刘备，所以，他思考后将刘备和纪灵都请来赴宴。吕布坐在刘备和纪灵中间，几杯酒下肚之后，吕布说："看在我的面上，你们就不要打了。"纪灵哪里肯听吕布的话。于是，吕布大叫一声："将我的画戟拿来！"刘备、纪灵都猜不透吕布要干什么。

只见吕布将画戟插到辕门外一百五十步的地方，说："如果我能一箭射中画戟的枝尖，你们就不要打了。如果不中，我就不管了。"刘备心里想着能射中，纪灵当然希望射不中。只听"嗖"的一声，那箭不偏不倚正中画戟的枝尖。在场的人可谓是几家欢乐几家愁。

于是，吕布一箭平息了一场战争。但在我看来，吕布凭借自己的军事实力，震慑住了纪灵和刘备，再将矛盾引向"天意"，从而将矛盾巧妙地分解了，也使自己在化解纠纷时有了更大的主动性。

第三，正确看待矛盾。

任何事物都有正反两面，这时最重要的是要保持客观，显隐同观，察其深层本质的变化，执中判断；并劝之以德，晓之以理，化解矛盾，使双方都能心平气和，互相宽容，使矛盾得到合理的解决。这才是对待矛盾的正确态度。

不唯上，收拾 LBE

有时为了生存，很多人变得唯唯诺诺，面对一些不良现象也睁只眼闭只眼。但是，观察身边成功的人，我发现，成功的人大多是在机会成熟时敢于挑战的人，他们仗义执言，甚至挑战领导的权威。当然，所有的前提都是时机必须成熟，如果盲目行动，也很容易出错。

2001 年至 2002 年，公司在中国台湾设立了一个叫 Local Business Entirety（区域商务管理，简称 LBE）的机构。早期时，因为公司总部在中国台湾，产品刚进入大陆市场时，销售人员对于消费群体、销售方式等方面存在很多疑惑，这时候，LBE 的同事在传递总部信息和大陆销售状况等方面起到了很好的桥梁作用。

随着时间的推移，大陆的销售人员逐渐成熟，销售业绩也逐渐增加，但 LBE 的同事仗着自己以前的一些成绩，经常借传授经验之名对新人指手画脚，并要求新人沿用他们的销售方式。在这种情形下，大陆的销售人员和 LBE 的同事之间出现了不可避免的争执。此前，对于 LBE 同事的"大驾光临"，每个销售人员都很热情，各方面都要照顾到，使 LBE 的同事逐渐产生了一种养尊处优的感觉。

那时候，他们依仗与总部之间的地域、语言优势，经常搜集我们的反面信息，然后整理成一个 PPT 向总部汇报，以此来邀功；而总部有信息需要传达的时候，他们又像是"钦差大臣"一般，死死地将信息把控在自己手里，等到大陆的销售人员碰墙、吃亏后，他们才装模作样地将信息公布出来。

就这样，LBE 的价值从早期的动力转变为阻力。也正是在这个环境中，中国区副总裁谢兵在考察中国市场时，对 LBE 这一机构是否有必要存在产生了怀疑。

谢兵感觉到 LBE 同事的意图后，开始带领我们销售人员做很多事情，并逐渐使我们变得强大。之前，每当我们去见客户，都会邀请 LBE 的同事，因为他们会在写给总部的报告里描述销售人员和客户之间的沟通。如果对他们稍有不周，总部就会认为销售人员存在很大问题，甚至不再看好大陆市场。

为了改变这一局面，当 LBE 的同事要和我们一起见客户时，我们先会给他们一个下马威——质问他们为什么要跟我们一起去见客户，都做了哪些准备工作，见到客户有什么问题需要解决，等等。

如果 LBE 的同事说不清楚，我们就会对他们见客户的必要性表示怀疑，甚至不让他们参加会议。如果他们回答了上述问题，我们就会说："正好，客户提出了一些需要解决的问题，我们正愁不知道怎么回复呢，恰好你们来了，就由你们来说吧。"要是 LBE 的同事解决不了那些问题，肯定会被我们奚落一番。自此，他们再也不敢空着双手来参加会议，在向总部汇报客户情况以及传达总部信息方面，也有了很大的改观。

即便如此，我们依旧会提出许多富有挑战性的问题：我们的产品虽然有一定的销售市场，但面对国际市场，我们又有什么优势呢；我们可能会遇到什么问题；出现问题后如何解决；等等。直到把 LBE 的同事问倒为止。一旦他们回答不出其中的问题，我们就会说："这样肯定不行，一定要彻底弄清楚，否则我们怎么给客户解决问题呢！"后来，总部觉得 LBE 确实没有存在的必要性，于是撤销了这一机构，成员分配到别的团队。

现在看来，有诸多因素促成了 LBE 的解散。从历史角度看，这一机构存在多年，它确实对公司的发展做出了贡献，但现在的管理结构已经发生改变，LBE 的价值正在逐渐消失，阻力远远大于动力。

在这种情况下，以中国区副总裁为代表的上级领导希望尽快解决这一问题，我们销售人员也被 LBE 压迫多年，当然也希望这一机构被撤掉。而谢兵正是在这种机遇下做了这件事情，使得他在所有老板和下属面前的威信得到了大幅提升。

事后，谢兵对大家说："于我而言，与 LBE 的对战更多的是对其机构角色不确定性的思考，而非单纯攻击某个人，他们应该意识到来到大陆公司也是需要工作的。事实上，他们中也有人做得很好。"多年以后，我再次遇到谢兵，说起收拾 LBE 的那段经历，他依旧深有体会地说："一直以来，每当遇到角色定位不清或者缺乏责任心的企业或团队，我依旧会对他们做出调整，以便能够产生积极的作用。当然，每一次的方式都不尽相同。"

《易经》师卦中讲"田有禽，利执言"，意思是田里有禽兽闯入，侵害庄稼，有正当的理由予以捕猎。也就是说，遇到不公正的事情要敢于仗义执言，敢于站出来表达自己的观点，指出潜在的问题和风险。这样做不但没有危险，反而是有利的。但是诸如此类问题出现时，还是应该谨慎。如何讲、怎么讲是非常关键的，不能因为看到问题的表象就急于表达，也不要在矛盾还没有开始暴露时就去表达自己的意见，这样，很容易使自己变得被动。

莫让"一勺污水"破坏了企业

有这样一个典故，如果往一桶污水中加入一勺白酒，它还是一桶污水；如果在一桶白酒中间加入一勺污水，得到的就是一桶污水。这说明污水是起决定作用的，只要污水存在，条件好坏都不能改变最后的结果。

污水理论也常常被用于职场中。当时，对于人才的选择和使用，我们公司的原则是：德才兼备者优先录用，无德无才者绝不录用。

那么，如何正确对待有德无才和有才无德这两类人呢？

对于有德无才的人，我们的态度是，如果是业绩不好，可以给时间；如果技能不好，可以进行培训；如果缺少设备，也可以申请调配资源。

对于有才无德的人，在实现短期目标的过程中，通过给予丰厚的奖金与薪酬来借助和利用其才华，但是在长期发展上，一定要谨慎，绝对不能对这种人委以重任。有时这种有才无德的人就是我们常说的"污水"，而且经常出现在我们身边。

同盟战术

2004 年，我在一家美国公司担任副总裁，当时公司有一个几十人的销售团队。公司股东之一是一个体制较为僵化的国有企业，我们共同研发产品，共同销售产品。当时他们是由一位王姓经理负责销售工作，如果我们的团队业绩很好，就会在一定程度上影响他们的业绩，于是，王经理处处给我们设卡，让我们难堪。

工作中，王经理做事并不是以公司利益为上，而是着眼小集体的利益。长久以来，让我们的销售人员非常窝火，于是萌生了"修理"他们的想法。

我知道，贸然卷入他们的"政治"必然会有危险，但如果不处理又对公司的发展不利。该怎么办呢？

"对付政治的唯一办法就是政治。"公司的一位领导这样提醒我。但在这种环境中，单枪匹马地去处理这些事情是不行的，我一定要注意寻找同盟军。这就像是小孩打架，几个人打一个人是相对容易的，相反，即便你是对的，要一个人打赢几个人也是有难度的。

之后，经过多方了解，我打听到王经理原来工作的公司，并得知他离开那家公司的原因，了解到他与原领导的矛盾。职场就是这样，当你离开一家公司的时候，就不再像表面看起来那样和谐，很多时候，都会存在或多或少、或大或小的矛盾。我联系上那家公司的老总后，向他诉说了王经理对我们的责难，此时，那位老总也想起了他与王经理的矛盾，并表示一定会支持我。

因此，我与他迅速结成同盟，约定将产品交予他的团队销售。我们合作后的第一批货卖得非常好。于是，王经理所带领的团队被彻底地击退了。

内部瓦解敌人

除了上述的同盟战术之外，内部瓦解敌人也是消灭职场"污水"的有效方法。2004 年，在我担任副总裁期间，公司的总裁助理成为了我们的"敌人"。这位总裁助理虽然年纪不大、职位不高，但频频给我们的销售人员制造危机。

很多次开会的时候，一旦我们的销售业绩比较惨淡，她马上就会跳出来，当着所有人的面否定我们整个团队。她还告诉大家自己认识的公司业绩有多好，甚至一天就可以卖出很多产品。更过分的是，她还经常在公司散布谣言，说我们的销售团队能力很差、渠道很烂。甚至在董事长面前极力夸大自己的资源优势，极力推荐自己的合作伙伴。她经常搬出自己曾担任董事长秘书的资历，试图用"政治身份"来打压我们。

这种羞辱让我们极度愤怒，但我们只能"忍气吞声"，等待"修理"她的最佳时机。不久，机会就来了，因为她的行为直接触犯了销售经理的利益，于是销售经理也开始打听她所谓的合作伙伴到底是怎么回事。

经过多方了解，我们知道她和一家公司联系紧密，并在积极筹划开一家公司。当时，场地已经租好，正在申报营业执照。我们周密地计算了时间，在她的新公司装修工作进行到一半的时候出场了，一举将她的情况反映到了公司总部。当时，因为新公司注册已经耗费了她较大的财力，她只好在这场战役中黯然收场。

回想起这件事，我们没有在其新公司注册完毕后再揭发她，而是在其新公司注册中途让其事迹败露，也正是试图趁其不备之际打击她。

《易经》中讲"开国承家，小人勿用"，就是强调不可让小人形成政治势力。纵观我们的处境，尽管我们积极去创造，竭力去维护；但是有些人和事还是难以处理。我们应该以包容的心态容纳一切可以利用的力量。"小人予以利，君子予以义"。必要时，为了维护公司的利益，就要铲除那些"污水"。

职场智慧：职场成长中的 4 个安全策略

在遇到阻碍时，我们要团结一切可以团结的力量，找到同盟者，并等待最佳时机解决问题。成为团队的核心之后，要锻造自己的恒心、耐心，要敢于仗义执言。就像《易经》师卦中强调的那样，不可让小人形成政治势力，要在初期对其采取行动。身在职场，我们还要牢记以下 4 个安全策略：

1. 当有利的发展时机来临时，也要保持"安全距离"，注意"君子朋而不党"。

2. 责难在所避免，当学会忍耐，不要被闲言碎语蛊惑，也不可急躁冒进。

3. 职场"王朝"更迭，要冷静应对变化，急则急应，缓则缓应。

4. 即便身处安全的环境，也应谨慎面对"不速之客"，保持中正原则，有备无患。

反思：

与对手的博弈，自己靠什么取胜？

自己的合作伙伴是与自己成就未来的人吗？

如何快速了解客户的诉求？

第 三 章

重新审视自己，开拓事业新平台

单纯依靠技能、策略去战胜别人，终究只能是硬碰硬的较量，古人早有言："杀敌一万，自损三千。"职场也是如此，尽管在经营管理上屡屡得手，但是，留下的后遗症也是明显的，甚至已经有人用"好斗的公鸡"来形容我。

当拼杀到达一定程度的时候，人们必然要重新审视自己的方向和策略，并采用平和的方式来解决难题。择善而从，着力于开拓事业新平台更为重要，否则就如解一道无解的方程式，花多大的精力也不会有结果。

有了新朋友，不忘老朋友

随着自己销售能力的提升，我开始对大客户情有独钟，于是下足马力去攻关一些大客户。经过一段时间的努力，取得了一定的成效，海尔、海信这样的客户也开始注意到我们，并考虑试用我们的样品。在实验没有问题之后，订单也随之而来。

那时候，大客户对我来说是很有吸引力的，想到世界型的公司用的都是我们的产品，而这些产品都是自己的团队推广出去的，那种自豪感油然而生。因此，我不断加大了对大客户的攻关力度。

一个人的精力是有限的，我更多地关注了大客户，相应的就忽视了小客户的需求。那时候，我手上还有一些中小型客户，部分是从离职的同事那里接过来的，部分则是在之前的工作中累积下来的。经过了长时间的"考核"，这些公司对我们的产品形成了较为固定的需求，每个月都有订单，但他们的需求变化不大，就算有些改变，也不过是产品型号或订单数量的变化。

就在我信心满满地攻关大客户的时候，我听到总部传来的微词——就听到他天天在这里吹牛，跑去给人家送样品，花公司的钱去拜访客户，却没见带来什么新客户，也没见到新订单，还把原有的客户得罪了。

这种说法让我很委屈，在我看来，能够开发大客户，自己就是了不起的。但不可否认的是，我的确给公司造成了一定的危机——大客户还没有签到，小客户与我们解约，这种青黄不接的局面让自己越来越尴尬。

我开始反思并调整了自己的思路。因为产品的研发周期很长，所以在生产产品时，我们会和上级领导申请多生产一些与小客户需求相关的产品，这样就避免了小客户无人跟进的情况。

另一方面，当订单量下降的时候，我发现将货发给代理商也是个不错的选择。起初的时候，我对代理商是有些"鄙弃"的，在我看来，他们不过是在左手转右手的过程中赚钱，没有什么科技含量。慢慢地，我转变了自己的看法，并对代理商有了新的认识——当我无暇顾及小客户的时候，代理商会代替我与客户沟通，并将货发出去。这样既销售了我们的产品，又减少了我们的沟通成本。

之前，我们曾讨论过，销售分为 Farmer 和 Hunter 两大类，而且，每个人要根据自己的专长选择不同的方向。但成功的销售人员，要平衡好两者之间的关系，既要有开拓疆土的能力，又要有守护疆土的能力。

在很多人看来，刘表就是一个"自守之贼"。他待在荆州多年，未曾有什么建树。不过，历史也曾记载，刘表担任荆州牧后，将所辖八郡建设成为沃野万里、士民殷富、年谷丰登之地。刘表建立学校，博求儒术，聚徒千人，让各路诸侯羡慕不已。一个虚有其表之人怎能有如此宽广的视野和强大的吸引力呢？

《易经》讼卦中讲"食旧德，贞厉，终吉"，意指前往因先祖遗德所得到的领地去生存，即保全已得利益，不过分贪求。实际上，对于很多人来说，守疆土也是非常艰难的工作。随着自身的成长，我们开始希望多做一些事情，于是会急于求成，因我们追求下一个目标而荒废已攻克的领地，这样很容易让自己遭遇危机。

这时，我们要先守住已有的东西，然后再去攻克其他的"领土"。而且，我们应当意识到已得的"领土"也能够为自己要的"江山"提供有力的支持。职场中，平衡新老客户也是对销售人员的挑战。一个成功的销售人员，不是只服务大客户的专才，而是服务好新老客户的全才。

你是老板眼中的"鲶鱼"吗？

挪威人喜欢吃活蹦乱跳的沙丁鱼。当然，活鱼的价格要比死鱼高很多。因此，渔民想出很多让沙丁鱼活着回到渔港的办法，但大部分的沙丁鱼都因缺氧死在了途中。当时，只有一位渔民打回来的沙丁鱼是活的，但他从不透露这个秘密。

直到这位渔民死后，谜底才被揭开。原来他在船舱里放了一条以吃沙丁鱼为主的鲶鱼。鲶鱼进入陌生的环境，开始四处游荡。沙丁鱼见了鲶鱼都十分害怕，东躲西藏。加大活动量之后的沙丁鱼不再出现缺氧的情况，大部分的沙丁鱼也就活着回到了渔港。

以上就是著名的"鲶鱼效应"，越来越多的公司领导受其启发，引进"鲶鱼型"人才或技术，以此来激发员工的工作激情。

公司领导会引进那些富有朝气、思维敏捷的年轻人，给那些故步自封、因循守旧的员工带来竞争压力，试图唤起"沙丁鱼"的生存意识和求胜之心；还有一些公司领导会不断引进新技术、新设备、新管理观念，以期使公司中的"沙丁鱼"认识到市场大潮中的风浪，增强生存能力和适应能力。

日本本田公司曾做过一次调查：发现许多公司的员工主要由三类人组成：第一类人是约占 20% 的优秀管理人才；第二类人是约占 60% 的勤劳人才；第三类人是约占 20%，只会混日子的蠢材。

那么如何增加前两种人的数量，使其更具敬业精神，减少第三种人的数量呢？如果单纯地将第三类人完全淘汰，会给公司带来很大的负面影响。再者，这些人也能完成本职工作，只是停留在这一阶段，并不想有更大的发展，如果全部淘汰，显然是不可行的。

后来，本田先生受到鲶鱼故事的启发，决定引进"鲶鱼"式人才。他看到销售经理的观念与公司的精神相差太远，而且销售经理的守旧思想已经严重影响了他的下属。引进一条"鲶鱼"，可以尽早让销售部的"沙丁鱼"摆脱守旧思想。经过一段时间的筹划和观察，本田先生为销售部引进了年仅35岁的武太郎。

武太郎接任本田公司销售部经理后，凭着自己丰富的市场营销经验和过人的学识，受到了全体销售人员的认可，员工们的工作热情被极大地调动起来。公司的销售状况逐步好转，不仅月销售额直线上升，而且还提升了公司在欧美市场的知名度。当然，本田先生对武太郎的工作也非常满意，这不仅是因为他带来了销售业绩的提升，更主要的原因是他提高了全体员工的工作热情。

此外，本田公司还会聘请常务董事一级的"大鲶鱼"。这样一来，公司上下的"沙丁鱼"都有了触电般的感觉，公司也日益壮大。

1999年，公司里来了一位名叫凯文的香港人，担任中国北方区老板。自凯文出现在公司，处处都可以感受到他的"杀气"。当时，我们描述他"眼神都不对，处处找碴，时时想杀人"。

来公司不久，凯文开始大施拳脚，多次提出公司改组计划，并着手调整了公司的组织架构。在这个过程中，包括成都西区代表以及上海区代表在内的好几个管理人员都被"干掉"了。

凯文的入场给公司带来了许多的新鲜事物，但其副作用也非常明显。这其中不排除许多被滥杀无辜的人。当时我们都非常仇恨凯文，因为谁都担心自己会在某一天被"咬"中。

直到多年以后，接触到"鲶鱼效应"这个故事，我才明白，实际上凯文不过就是公司找来的一条"鲶鱼"。在这之前，公司一直处于外表一团和气、内在死气沉沉的状况，公司也在固有的体制下养了许多"上了年纪"的人。他们维护着几乎要消失殆尽的客户，或者从事着老旧的行业流程，对新技术、新理念却视而不见。

无论是传统型团队还是自我管理型团队，时间久了，其内部成员就会缺乏活力与新鲜感，从而产生惰性。尤其是一些老员工，工作时间长了就容易厌倦、懒惰、倚老卖老，因此有必要找些外来的"鲶鱼"加入团队，制造一些紧张气氛。

从马斯洛的需求层次理论来说，人到了一定的境界，其努力工作的目的就不仅仅是为了物质，而更多的是为了尊严，为了获得内心的满足感。所以，当把"鲶鱼"放到一个老团队中的时候，那些已经变得有点懒散的老队员迫于新队员带来的压力，就不得不重新振作起来，以免新来的队员超过自己。

而对于那些勉强能完成工作的人来说，"鲶鱼"的进入，将使他们面对更大的压力，如果不加倍努力，稍有不慎，就有可能被清出队伍。为了留下来，除了努力工作之外，他们别无选择。

可见，在适当的时候引入一条"鲶鱼"，能刺激团队成员的战斗力再度爆发。可是，我们不禁要问，"鲶鱼"上岸之后该怎样生存？"鲶鱼型"人才在组织中到底该如何安身立命呢？

对于公司管理者来说，引进"鲶鱼"并非最好的管理手段，因为引入"鲶鱼"必然会带来一些伤害。不得不说，许多"鲶鱼型"人才在大刀阔斧地进行改革之前，并没有深入地调查与研究。很多人只是依靠手中的权力处理了公司中的人员，其间不乏无辜的人。而这就极易成为其未来发展的种种祸根，以至在新的老板到来时，才发现公司还是存在着很多问题。

事实上，凯文最后并没有落得好下场。在公司的大动荡中，更高一级的亚太区总裁开始觉得有些不妙，并开始询问包括我在内的许多下属的意见。1999年终，另一位领导进入公司，凯文便匆匆收场了。

其实"鲶鱼型"人才在组织中也有其独特的生存规律。"鲶鱼型"人才首先要把工作做到最好，但不能锋芒毕露，凡事要学会低调；"鲶鱼型"人才首先要忠于公司，但做事也要有分寸，得饶人处且饶人；"鲶鱼型"人才当然要努力工作，但做事也要讲究方式、方法；对于"鲶鱼型"人才来说，实现自我价值固然重要，但也要以自身在公司中的安全为前提。

正如《易经》讼卦中的"以讼受服，亦不足敬也"，讲的就是以这种纷争的方式取得的成功不会长久。因为缺乏深入的研究和正当的理由，所以会迎来各方的非议，虽然成功，却得不到别人的尊敬。所谓"能攻心则反侧自消，自古知兵非好战"也蕴含着这个道理吧。

"逐水草而居"的职场高手

2001年，我所在的德州仪器公司有很多高层管理人员从台湾地区来大陆发展。一开始，我不是特别理解他们为什么要这么做。

在一次商务交流会上，其中一位高管说出了其中的原因："台湾地区的发展机会已经过去，像我们这样的人在台湾境遇已大不如前，发展机会也很少，而大陆不一样，改革开放后，这里会有非常多的机会。经过这些年的高速发展，'亚洲四小龙'的时代已经一去不复返。我们这些商人属于游牧民族，而游牧民族最大的特点就是'逐水草而居'，我们没有固定的住所，有'水'的地方就是我们的下一个方向。"

他的话给了我很大的启发，后来我特别注意观察，发现包括HP、思科、德州仪器在内的许多大中型公司的亚太区高层领导大多来自中国台湾、中国香港或者新加坡，而且他们身上存在着明显的共性——较高的素质，原来的环境已不能给予其充分的发展机遇。

2001 年前后，因为"9·11"事件的影响，美国经济急剧下滑，全球金融危机也接踵而来，尤其是对 IT 业的影响。这种情况给了大家一个警醒，当大环境不好的时候，个人就算很努力地做事也未必成气候，即便转换公司也一样会遭遇困境。但这并不意味着我们就该坐以待毙，而是可以进行诸如参加培训、继续充电等活动，以便充实自己。

个人成长中最重要的是积蓄能量，一旦机会成熟，再伺机换到好的环境中发展。如果将卦比喻为大环境，爻则是自己的小环境，观察《易经》的卦象，我们不难发现，在一些凶险的卦象上，如果爻的位置得当，还是可以通过转变环境来化险为夷的，因为爻才是离我们最近的情境。

2008 年，我刚去美国的时候，人生地不熟，因而需要找机会跟邻居搞好关系。当时，我所在的得克萨斯州虽然人口密度较小，但华人还是挺多的。因为每家相距较远，因此家庭聚会成为我与邻居沟通的基本方式。

周大哥是我在家庭聚会中认识的朋友。周大哥年近 50 岁，待人谦和，而且很有才华。吃饭之余，我们还一起谈谈中国的情况。因为沟通得多，慢慢对他的经历有了一些了解。周大哥年轻时特别爱学习，但没有什么机会，插队的时候在村里当拖拉机手，后来到香港地区学习了一段时间后，又到加拿大完成了学业。经过几年的颠沛流离、辛勤奔波，最后到了美国。

"当时下了飞机，身上只剩 50 美元了。"周大哥有些激动地跟我说道。除了手提箱中一些简单的日用品和穿着的衣服，当时的周大哥真的是一无所有了。这样的他一开始还要接受美国教会的救济。但在我 2008 年和他认识的时候，他已经拥有一座几百平方米的豪宅、两辆高级轿车以及幸福的家庭。

"我一辈子都在经历经济萧条，年轻时赶上中国经济动荡；到了加拿大，加拿大也恰逢经济危机；一到美国，自己没有钱不说，这些年的经济发展也已经开始慢慢衰退了。"周大哥说自己一辈子都在"赶点"，在他看来，现在的华人的确生活得很安逸。

"'海归'为什么很多都成了'海待'？因为有一部分人是因为在美国混得不好，他们没有理解'逐水草而居'的含义，更没有找到适合自己的'水草'。"周大哥的这句话让我很震惊。在职场中，我们确实应根据自身特点来选择更为适合自己的公司。

"我一生都在颠沛流离，但是我不认命。虽然每每遇到困境，但我还是努力在逆境中奋斗，然后'逐水草而居'。事后想想，这些逆境都成为了我成功的台阶。"听了周大哥的话，我感觉有几分辛酸、几分感动。我们的环境日益复杂，发展速度也越来越快，要想在行业中站住脚，只能"逐水草而居"，不断变化，寻找新的增长点。

做得好也挨骂，攘外必先安内

2000 年，我从原来公司跳槽，在新公司负责中国西南区的业务。当时，虽然我对公司的许多业务都处于相对陌生的阶段，但公司领导还是非常重视我。因为在录用我的时候，公司就知道，他们可以通过我了解到竞争对手的主要情况。

1998 年，我在原来的公司从事调制解调器的销售工作，并对这一产品的国内需求及其市场状况有较深的了解。那时候，全国的彩电需求量高达千万台，国内也有十几家生产这种调制解调器的厂家，但规模不是很大，而且他们不仅需要供应中国市场需求，还要满足国外的需求。

基于原来公司对这个行业的认识，我认为调制解调器的市场前景很好。鉴于此，我开始在新公司积极推进这种产品，并希望靠自己的力量来带动这一产品在公司的发展。

在我决定做调制解调器后，公司里一位负责产品和一位负责渠道的同事非常支持我，也认为这个产品会很有发展前景，于是我们三人一同去跑客户。

尽管当时这个产品在国内涉及的范围比较大，但还是有很多人不了解这个产品，而且生产这个产品的工厂通常都在比较偏远的地方。其中一家工厂位于成都靠近山区的一个镇上。从工厂的名字和位置能看出应该是当年"深挖洞，广积粮"时的产物。就是这样一家工厂，在调制解调器的设计和生产方面却处于国内领先地位。

我们乘飞机从北京到成都，下了飞机去坐长途客车，然后又找了一辆黑车直奔目的地。我们一路上边走边问，好不容易才知道厂子大概的位置。三个人都急得上火了，恰好在路途中看到一家卖水果的小摊，一看就是农闲时出来做点小生意贴补家用的农民。说是摊子，其实只是一辆破旧的板车，摊上水果倒是新鲜。看到乡下卖的柚子很好，我的一个同事就买了几个，剥了几瓣，剩下的依旧用塑料袋提在手上。

客户的厂子依山而建，地势高高低低，厂子的大门位于半山坡。好不容易才爬到门口，三个人早已是气喘吁吁。工厂领导一出来，看我们还拎着一兜东西，还以为我们带着礼品去见他们，竟伸手来接。这件事也搞得那位同事很不好意思。不过最终我们还是达成了预期的目标。

另一家是位于重庆的工厂，那时候重庆有很多所谓的"棒棒军"。他们个头不高，晒得黝黑，手上握着一根棍子，棍上绑了盘好的一大截绳子，无所事事地用诡异的眼神盯着路上的每一个行人。第一次到重庆，我不了解这些人是干什么的，只觉得很多人从头到脚盯着我看，让我内心总是飘过一阵阵恐慌。

后来，我实在忍不住，便低声问同行中当地的销售经理，他们为什么都盯着我看？销售经理哈哈大笑："他们看的不是你，而是你手里的拉杆箱！重庆是山城，途中很多上坡下坡，手里拿东西很不方便，这些人靠帮别人挑东西为生，因为手里老拿着根挑东西用的棒子，所以叫作'棒棒军'。"听后，我也觉得自己很好笑。

虽然过程是曲折的，但还是取得了一定的成果。随后，有几家公司开始试用这个产品，并进行了样品测试，但是问题出现了：公司的技术跟不上了。因为我们并没有相关的专业技术人员，以致在出现任何技术问题的时候，总是要兜一个大圈子才能解决问题，有时还需要到总部寻求支持。后来，总部相关人员经常告诉我们，公司的产量已经饱和，没有办法再接收新的订单。

在这种情况下，我与公司总部之间开始出现摩擦，与此同时我和我的直接上司也产生了分歧。上司说："你做这个产品有什么意义？许多核心的芯片每个要卖到 30 ～ 50 美元，而你所卖的每个产品不过才 0.8 元人民币，你得卖到猴年马月啊，就算卖十万八万个又能挣多少钱呢？"他非常惊讶我为什么会做这个业务，他当着所有同事的面骂了我一顿，并明令禁止我再销售这个产品。

我当时非常郁闷，因为自己的确很努力地在卖这些产品，甚至是借用原有的资源和关系。现在局面终于打开了，已经有客户追着我们要产品了，公司却要求我不要再销售这种产品。这让我特别不能理解。

实际上，我离开公司之后，调制解调器一年能给公司创造几百万美元的销售额。这说明，当时我做的那个决策是正确的，但非常遗憾的是，我没有享受到当年种下的那颗种子带来的任何成果，甚至还挨了一顿骂。

现在想来，当初在推动这项工作时之所以会挨骂，一方面是公司管理层很保守，远离市场，另一方面自己实际上的确有很多考虑不周的地方——我没有让领导充分了解自己的想法、了解自己每一个决策的来源，当然也不能保证工作中能得到后方的有力支持。

另一个真实案例也证明了这一点。当时，有一位在业内很出色的销售经理，在他事业风生水起的时候，突然被辞退了，这让我很不解。

领导对我说了一段话让我豁然开朗："业绩做得大，并不一定就是销售员本人的成功，也很有可能是市场需求很大，或者客户很好。换个人，也许能做到更大。所以，如果你没有让市场扩大或让客户信任你的能力，就算拥有再大的业绩也一样很容易被取代。"

而早期的我，一直只注重前方的拓展，这就决定了我在开展后期工作中必将遇到重重阻力。从历史上来看，这样的教训比比皆是，其中，以六出祁山的诸葛亮最为典型。人们总结其失败原因，大多认为蜀军、魏军军事力量存在差异，司马懿智谋过人，天意弄人，等等。但实际上最重要的是后主听信谗言，以致每每在诸葛亮出山之际，后方总是找不到让诸葛亮放心的后备力量，这才是导致六出祁山最终失败的根本原因。

众所周知，在诸葛亮第四次出祁山之时，苟安因途中喝酒怠慢运粮时间，被诸葛亮杖打后便怀恨在心。后来他投降魏军，司马懿在节节败退时让苟安到成都散布谣言，说诸葛亮居功自傲，有篡国之心，后主听后命诸葛亮班师回朝，导致四出祁山的失败。第五次出祁山时，都护李严因筹集不到粮草，害怕诸葛亮降罪，便对后主谎称东吴来犯，后主便再次命孔明撤军御吴，征战又一次宣布失败。

人们说后主是"扶不起的阿斗"，一语道破他的懦弱无能。但作为军师的诸葛亮自身也对失败负有不可推卸的责任，因为他没有积极与战略后方进行沟通，对于后方发生的变故没有充分的认识，才是其失败的根本原因。

师卦讲"承天宠"，在职场中，不论我们做什么项目，和后方的有效沟通是项目成败的重要环节，没有后方就没有前方。我们有义务让后方清楚地了解前方的需求与情况。没有有效的沟通，一定会引起后方的误会、猜忌、不满，甚至招来更大的麻烦。

相应的，如果能跟后方充分交流，得到他们的支持，自己工作起来也就更顺畅。战争是一项综合的行动，不是前线一兵一卒的较量。信息、情报、后勤、装备、给养、医疗、通信、运输、宣传，打赢一场战争需要很多必然性，但是输掉一场战争仅仅需要一个或几个偶然的错误。

寻找成就自己的"3G"机会

随着自身能力的不断提升，每个人的职业目标都在不断地发生变化。有许多人在追求高薪，希望借助一份较高的收入来获得优越的生活，却忽略了一个能够塑造人、有阳光、有空气、有水分和营养的环境要远远胜过那些金钱，一份有提升空间的工作能够为自己未来的发展提供很好的平台。

2001 年，公司中国区总裁告诉我们："你们以后要找与'3G'有关的工作。"我们都很惊讶，因为那时候，3G 通讯并未像现在这么流行，3G 通讯公司亦是如此。后来我才知道，"3G"不是 3G 通讯，而是 3 个 G。

第一个是 Great Company，也就是要确保自己所在的公司是一个伟大的公司，是个好的平台。公司犹如一辆快速奔跑的列车，哪怕你在这辆列车上仅仅是个列车员，你也能走得很快。相反，如果公司是艘要沉的船，你就算有再大的能耐也不可能挽救它。

第二个是 Great Boss，也就是要有一个好老板。找到一个好老板，在你每天或好或坏的表现中，他都可以指出你的错误，进而使你学到很多东西。人们学习的方式很多，但是身边有高人指点无疑是最好的方式。

第三个是 Great Opportunity，也就是要有好机会，一个绝佳的机会可以让你做更多自己想做的事情，并获得成功。

在我看来，在人的职业成长中第二个 G，也就是 Great Boss 尤其重要，因为这里面会有很多的机遇。2001 年，对于我的职业成长来说，遇到谢兵这个老板就是非常幸运的一件事。我人生的很多变化也是从那个时候开始的。

谢兵在进入公司之前已经在一家全球领先的科技资讯公司担任中国区副总经理，在公司管理方面很有经验。他进入我们公司后担任中国区副总经理，并成为我的主管上司。他所接手的团队很复杂，既有老员工，又有从其他团队借调过来的员工。在人员良莠不齐的情况下，他首先和每个人都保持了愉快的合作关系。

在与人分享，替下属分担忧愁方面，他也绝对是个好上司。那时候，他会在会议前放下姿态和我们交流，他还会深入到我们的项目中。令我至今难忘的是，他陪我前往四川化解与客户公司矛盾的经历。

当时，我们公司与客户公司有一个关于宽带的合作项目。最初谈好的条件是，由我公司提供方案、技术支持，客户方面负责整机产品研发。因为对项目含有较大的期望，所以在合作之初，我们向客户公司许下了很多承诺，客户也将相关的资金、干部和工作人员全部调度起来。

但后来，由于我公司人手局限以及面临的策略调整，公司领导不想再支持这个项目了。当时，面对客户的总工程师和事业部经理，作为销售经理的我倍感压力。我第一次体会到失去后盾的酸楚，之前所有人都推着你往前冲，可就在你冲刺的时候，回头一看，突然发现后面的人一个都没有了。

我当时脑袋里只有这个想法：我不能跟客户讲，否则客户一定会杀了我。我不知道怎样跟客户交代，也不敢想象怎么面对客户。没有办法，我只好向谢兵坦白了自己所面临的困境。谢兵知道了这个情况后，有别于一般的老板，他并没有采取回避的策略，而是和我一起去面对困难。

前往四川的当天，恰逢谢兵家里人过生日，可身为家里顶梁柱的他依然陪着我直接前往四川绵阳。那时候，成都前往绵阳的高速路还没有建好，道路状况非常不好。当车在路上高速行驶的时候总是上下颠簸，左右摇摆。

当时，天还下着大雨，谢兵坐前面的车，我们坐后面的车，他还不时用手机打来电话，让我们提醒司机一定注意安全。因为他眼见前面有辆车由于路面湿滑冲到了路边。

我们抵达四川绵阳，见到客户的总工程师和事业部总经理后，他非常讲究和客户交谈的艺术性。他并未直接和他们交谈合同的变化、公司策略的调整，而是谈行业的发展、谈市场、谈战略，乃至许多其他的事情。直到让客户逐渐怀疑自己当初合作的项目是否合理，并做出应该放弃的判断。这样，竟使我们拒绝合作变成了客户拒绝合作，从而顺利解决了这场危机。

当时，因为我也是刚到公司，所以丢订单的情形时有发生。每当发生这种情况时，谢兵不是责备，而是安慰、劝导我："胜败乃兵家常事，订单丢了就丢了，但是你一定要清楚，你的每一个订单是怎么赢来，又是怎么丢掉的。如果赢得稀里糊涂，也就很容易丢掉，而丢得不明不白，也很难赢回订单。"

也就是从那时起，Lesson Learnt（学习课）这个词开始频繁地出现在我们的业务中。我们的原则是，不管是成功还是失败的单子，都要有Lesson Learnt。每个人都要在会议中讲述自己的客户情况、跟进情况，以及自己在整个项目中得到的教训。

谢兵给我们营造了很好的工作氛围，也为我的成长提供了很大的帮助，而这种帮助也同样成为了这个团队迅速成长的必要条件。对于那些教育背景很好、技术不错，可是一到客户面前就语无伦次的人，那些什么都不懂，到客户面前胡吹一通的人，那些个性十足，乃至与团队的风格格格不入的人，那些做事方法丝毫没有逻辑可言的人，谢兵也总是能够一视同仁，并帮助他们不断成长。

有一次，我问他为什么能包容那么多人。在解释这个问题的时候，他打了个比方：对于一个团队而言，人不可能是一模一样的。就像《西游记》里取经的团队一样，我们不能要求人人都是孙悟空。有的工作需要很沉稳的人，有的工作是苦活累活，所以就必然得有八戒和沙僧这样的人存在。

他告诉我，看每件事情的时候，都要有前瞻性，尽量从正面的角度去理解和看待，"如果有人受到了器重，那就说明这个人至少在某个方面有其独到之处，而这个独到之处对目前的环境是非常适用且必需的。人们应该拥有一双和公司一样的眼睛，去发现这些优点，并将其转移到你的学习和成长的过程中。"他的解释，让我对团队和环境的理解有了新的认识。

那时候，公司还有几个很有经验和影响力的领导，亚洲区总经理Terry就是其中之一。他给我们讲了一个他在HP公司工作时的例子。那时，有一个销售人员跟了很久的单子，并且大家都认为这位销售人员一定能赢得这个订单，甚至在揭晓答案的前一晚，客户还暗示他将是赢家。

可就在第二天，订单被别人拿走了。销售无比沮丧。这时，Terry给他举了个例子："吃烧饼时，掉芝麻总是在所难免的，重点还是该把烧饼吃了，而不是为丢失的芝麻伤心。单子虽然丢了，只要找到原因，能把握住其他的机会，就还能把烧饼吃到肚子里。"

在他讲完这个故事后，我就默默告诫自己：一定要把心和视野扩大，要看到整个烧饼。必要的时候，要学会把芝麻看淡，这样才是最后的赢家。

《易经》中师卦讲"君子以容民畜众"，就是说一个包容的老板能统领百万雄兵，为下属营造一个很好的成长平台。身在职场，我们要努力寻找成就自己的"3G"机会，好的公司、好的老板、好的时机，借助着三种优势不断修炼自己。

也许三者不能同时拥有，但找到一位好老板十分重要，他会带领你在职场中拼杀，给你最宝贵的经验。薪资和职务仅仅是自己短期的收获。如果没有遇到好的老板，人的才能将会受到抑制，为了迎合老板所期望的成长方向，许多优秀的人才也会被扼杀。

看到那张无形的组织架构图

在我看来，销售人员分为很多种：第一种销售人员就是流程化的销售，负责安排发货、包装、开发票、收款，等等。第二种销售人员是能够到客户那里去演讲，能够很清楚地告诉客户自己的产品和其他产品的区别，并进行"SWOT 分析"。第三种销售人员做的是关系，也就是所谓的 Relationship Seller（卖方关系），他们通过诸多关系来维持自己和客户之间的业务。第四种销售人员则善于聆听，这种销售人员通常话语不多，但是他们非常清楚对方的需求。第五种则是顾问型销售人员，这种人其实已经成为客户的顾问。在客户看来，他的存在能够为客户创造更大的价值，乃至为其公司的人事布局及战略调整出谋划策。

除了第一种只是完成流程工作外，要成为其他四种销售人员，我们都要达到一个要求，就是足够了解自己与客户。《孙子·谋攻篇》指出："知彼知己，百战不殆；不知彼而知己，一胜一负；不知彼，不知己，每战必殆。"也就是说，在战争中，充分地了解自己和对手，才能取得最后的胜利。而在职场这个战场中，我们首先要了解自己，了解整个行业，然后精确地了解客户的情况。

那时候，从公司的培训中，我接触到了"Call High"这一理念，字面意思是给公司高层打电话。其实就是在销售过程中接触高层管理人员，逐渐从单纯的产品买卖转变为战略性销售。

2001 年，受 Call High 理念的启发，我和一家公司的副总裁建立了较好的关系，有时外人也认为我们已经是朋友了。当时，我们想和这家公司合作一个项目，凭借我和这位副总裁的稳固关系，事情一直在有条不紊地进行着。我甚至从来没有想过这个订单会被别人挖走，可就在半年后，这家公司和另外一家公司签订了合同。

结果出来后，老板非常生气，我自己也非常委屈。在我看来，这无异于到手的生意被人抢了。晚上和朋友见面，我毫不掩饰地发泄了自己的情绪："我真的非常恼火，和对方客户高层关系这么好，还是没守住这个订单，我的运气也太差了。"

这时，朋友安慰我："被老板骂是好事，就怕老板连骂都不想骂你了，等到老板已经放弃你的时候，你就该寻找下一份工作了。"

过了几天，我只好硬着头皮向老板请教。这时，同在办公室的谢兵说话了："你在前面确实做得很好，领会了 Call High 的含义，但光做到这一点还远远不够。公司的情况是非常复杂的，你要根据不同的客户采取不同的方式。"

他举例说："在一个会议上，同时出现了两位副总裁和一位总裁，甚至更多的领导，我们怎么能够保证这些领导的想法都是统一的呢？和我们意见一致的人可能想要帮助我们，可是我们并没有办法保证别人也同意帮助我们，也许另外的领导恰好与支持我们的领导是敌对关系呢？"

"我应该怎样做才是正确的呢？"我感到很好奇。

"会见每一位客户，你必须拿到对方公司的组织架构图，而且应该是两张。"谢兵接着向我传授了他在面对客户时的独门绝技，"第一张是任何人都可以看到也可以拿到的，谁是上司，分管什么，一目了然；第二张才是最重要的，它需要你自己画出来，在这张图里，你需要研究与公司决策相关的所有人。每个人职位的具体含义、他的历史业绩、他对公司决策的影响力。有很多的人，可能根本没有出现在架构表上，却对公司起着巨大的作用。只有拿回这两张图，我才认为你对这个客户有了一定的了解，但这也还只是初步的。"

"那么，接下来我该怎么做呢？"

谢兵说道："接下来你一定要和这家客户做一个项目，而且按照正常项目的流程来运行每一个环节。"他指出，在这个项目的操作过程中，一定要知道是谁在负责和商家商谈、谁在测试、谁在设计、谁在验收、谁在规划、谁来采购，甚至谁在下单、谁来付款，等等。"要非常清楚这些流程的具体操作方式、考核指标及其规则，只有确保流程中的每一个环节都是精准的，你才能赢，否则，随便一个差错都能让你死在途中。"

我被这个具体的操作指南深深吸引。"还有一点，也是最重要的，你一定要精准地了解客户在所提出的项目中存在的个人需求。"他解释，每个人的需求包括两个方面，一方面是从公司而言，他代表公司，产品首先应该满足公司的要求。另一方面，还应该找到客户个人的需求。当你弄清楚他的个人需求是升职、将功补过，还是增加自己的福利时，你的产品又能够充分满足他的需求，他才会义无反顾地站在你这边。

谢兵还强调："千万不能出牌太早。"在此前，每当遇到客户的时候，我总是向客户强调我们产品的优越性。从那之后，我先多方面了解客户的需求，从他们的需求出发来阐述我们产品怎样适用于他们。每当遇到客户表现出合作意向的时候，我总是想把自己产品的测试报告展示给客户。

老板对我这一做法表示了反对："你如何保证这样一份测试报告明天不会出现在我们竞争对手的桌面上？你又如何确保竞争对手的测试报告和我们的测试报告不一样？"老板又接着说："只有先了解到竞争对手的报告，充分了解了对方的情况，你才能对症下药，才知道自己的检测报告有什么地方需要调整。"

《易经》中师卦讲"师左次，无咎"，就是兵法的一个原则，按照原则有条不紊地排兵布阵，就容易取得胜利。行军打仗讲究未动先谋，没有训练的士兵无序地进入战场，无异于让更多人去盲目送死。职场上也应该掌握很多必要的技能和战法，不仅仅是销售人员，研发、市场、财务等等，每个专业人员都应该理解、学习和掌握这些原则。

值得借鉴的 5 个商业技巧

前面提到过谢兵对团队成员的包容，但是，这并不意味着对团队成员的纵容。对于任何一个要作战的团队而言，培训是必不可少的一项工作，而谢兵的信念就是"没有差的士兵，只有差的将领"。

谢兵对团队进行了几个方面的改造，这其中包括"除旧迎新"——清除"遗老"，引进新队员；Weekly Review（周总结）制度与Weekly Report（周计划）制度，即每周一上午和每周五的上午召开例会。两个制度的不同就在于：Weekly Review要求每位员工回顾过去一周所做的事情、遇到的问题及解决问题的方式；Weekly Report则要求每个员工填写本周每天主要从事的工作以及下周准备完成的事情。

甚至到今天，在我自己带团队的时候，例会制度依然是我们制度建设的重要方面。会议的形式和内容都很简单，无非包括上周所做的事情，见过什么客户，事情进展如何，是否遇到什么问题，需要什么样的支持，等等。这种制度，有效地促使了团队中那些较为懒散的人不断地成长，在痛苦中不断地反思，并通过做事来改变自己故步自封的局面。

Close Loop（闭环式沟通）

除了以上制度，谢兵还在我们的团队建设中引入了Close Loop制度。"杨元庆之所以能得到柳传志的赏识，很重要的一点就在于他早年工作时，能坚持向自己的上司汇报每一个计划的进展情况，在执行Close Loop时做得非常好。"

Close Loop原有的含义是指回路、闭环等，延伸到职场中，它可以代表一个上下级之间完美的汇报流程。也就是说，在领导做出一个决定后，所有相关的执行人员都必须在规定的时间内，以规定的方式向领导汇报。

Close Loop最大的作用在于告诉领导这件事情是安全的。汇报的工作有三种状态：第一种是工作正在进行，一切顺利；第二种是中途发生变化，原有的计划面临调整，但是已经有新的方案可以更好地缓解或解决现有问题；第三种是事情已经做完了。在汇报工作时，要考虑到领导的时间，一般性汇报只要在见面或者碰面时简要说明情况即可，尽量将讲话的时间控制在一分钟之内，重要的事情就另当别论了。

对于大部分领导来说，最不能接受的就是，当初商议好的事情被人搁浅，甚至遗忘。在执行任务的过程中，我们宁愿让领导听到"我做不了"的答案，也绝对不能让领导来问"那件事怎么样了"。如果等到领导问起那件事的时候才汇报，这说明你已经失败了，因为这件事已经让领导操心了。

Never surprise your boss（永远不要想给你的老板意外），千万不要在最后时刻告诉领导，"我试了，但是那样的方法的确不行"，这必将引发领导的愤怒。

另外，最好不要自作主张，给出并非领导最初商定的结果。即便你给出的结果是更为完美的，也会让领导想到，或许在这个过程中，发生过一些不好的事情，只是他不知道而已。Close Loop 仅仅是职场中一个小小的工作技巧，但把它坚持下来的人却很少。

Call High（接触高层）

Call High 制度在上文中已经提到过一次，但并未认真解读它的含义，现在我们就来看看这一制度在职场中的作用。Call High 是我们在商业运作中经常用到的一个制度，即主动与最高领导交流。

"哪怕是一个最底层的销售人员，也要想尽办法找到客户的最终决策者，和他对话并建立关系。"谢兵多次这样提醒我们。

对于我们来说，这无疑是一个巨大的挑战。虽然销售人员都知道接触高层的重要性及必要性，但绝大多数销售人员认为这是销售过程中最困难的部分。大部分人都喜欢待在一个相对安全的堡垒里，接触与自己有相同背景、权力、能力及爱好的人。我们只愿意找熟悉并认可自己产品和服务的人去交流。

　　我们认为自己只是个小人物，而那些高层管理者都很牛、很强大，他们都是行业里的专家。如果我们是销售经理，那么能够与客户总监交流就已经很了不起了。在面对比自己级别高的客户时，采取的惯用方式是在自己的组织中寻找和对方等级差不多的领导来与之对话。

　　谢兵让我们自己去接触客户的最高管理者，这该怎么办呢？无疑，克服自身的心理障碍是最重要的一个方面。我不断暗示自己：其实所有高管也是凡人，他们和我们一样，一样有缺点，一样犯过错误，一样有七情六欲，一样有不为人知的秘密，也许在很多领域还不如我们懂得多。

　　在接触高管的过程中，我发现：越是高层管理者度量越大、看问题越深远、越平易近人、越注重礼仪。所谓"高风险，高收益"，事实上，见到高管的好处是显而易见的，销售进程会大大缩短、购买预算会明显提高以及执行过程会更加顺利，这更加激励我去接触更多的高管。当然，也会有很不顺利的时候，每当这时我就会想起那句：Someone will, someone won't, so what? Someone's waiting！（有人愿意，有人否认，那又怎样，每人都有自己的选择！）

　　从那时起，我开始重新给自己定位。我不断地告诫自己，我虽然只是一个销售代表，但在我走出公司大门，面对客户的时候，我所说的每一句话，其实就是代表公司的。而在公司内部，我所转述的也是来自前线的最宝贵的信息——客户的意见。

　　就是在这种 Call High 的过程中，作为销售人员的我开始在客户面前变成一个类似于高管的员工，我说话的分量也越来越重。从 2001 年开始，我面对的客户几乎都是业界的领军人物。

　　那么，在职场中应该如何 Call High 呢？很多人在面对高管时，很容易紧张，找不到话题。最好的解决办法就是从自身出发，提高自身的修养，使自己的语言更畅通、视野更广阔、知识更渊博，直到让客户觉得你几乎是他的一面镜子。

有一个故事是这样说的：一位业务经理去拜访客户，在客户的办公室里挂了几幅仙风道骨的画，还有一幅佛陀的画像。客户说："我最近对佛经很感兴趣。"这人一听，大叫一声："真巧啊，我最近也在研究佛经。"于是，这位销售经理轻松地聊起了佛学，他与客户越谈越投机，甚至，他还当场背了一段《金刚经》。另外一位客户说最近有人邀请他加入基督教，这人一听，又背了一段《圣经》里的内容。

从客户那里出来后，跟他一起的同事问他："你晚上是不是准备背诵《古兰经》了？哥们儿，你到底信仰什么的？"他顿了一下，一本正经地说："我信仰的是客户，客户信仰什么，我就信仰什么。"这种人，就是属于 Mirror（镜子）能力很强的人，很容易和别人找到共同语言。

与客户交谈对自己有价值的内容！这应该成为我们和客户交谈的第一法则。以见海尔、TCL 的总经理为例，我交谈的话题绝非我所卖的产品，而是整个行业，乃至这个行业在国内外成败的案例，以及这一行业在未来的发展趋势。

Customer Dinner（客户聚会）

2001 年的时候，网络还不像现在这样发达，信息流通也相对闭塞。除了同行之间传递一些信息之外，客户聚会就成为我获取信息的重要途径。对于大多数参会人员来说，表述完自己的观点后就算大功告成了。

但我每次都会争取在客户代表的讲话中总结出对自己有利的信息，将要点摘录下来，并运用到与其高管的对话中。就算是完全没有任何业务往来的客户代表，我也力争从其讲话中整理到对自己有用的资料。从中我可以了解到，其他客户、其他行业是怎样的，其他地方、其他国家又发生了什么。

现在，通讯越来越便捷，保持信息的畅通依然是最重要的工作。每天早上到达办公室的第一件事，我还是要了解行业内外的重要信息。

如果说参加 Customer Dinner 能够获得很多客户信息，那么，举办 Customer Dinner 将是自己与客户的又一次亲密接触。举办这样的活动不仅能了解到更多的客户信息，而且还能提高自己的组织协调能力。一次成功的 Customer Dinner 会让客户看到你不仅职业而且专业。

人们常说"细节决定成败"，我想 Customer Dinner 就是最有力的证明。虽然大家只是在一起吃饭，但一样可以做到尽善尽美。

首先，在获得客户名单后，我会第一时间对客户的数量、级别及职务进行排序，制作桌牌，找出最核心的人，对这些人的口味、风格进行分析。

其次，我需要了解晚餐的性质，是一般客户的晚餐还是高级客户的晚餐。这次宴会想要达到一个怎样的结果，只想轻松交谈，增进感情，还是想让老板帮自己解决问题？又或者双方有一些矛盾需要调解。这些因素都会影响到选择场地、布置环境、设置菜品、安排座次等问题。

在选择好场地后，还要派人到餐厅去试菜，从而最终确定晚宴的菜品。为了避免发生迟到的事情，还要花费一点心思考虑路线的问题，必要时还要派司机考察一下。把堵车、路线改变等问题考虑在内，估算对方的路线、所需时间和自己这一方的路线及所需时间，以便确定晚宴的结束时间。

在点菜方面，也有很大的学问。冷热菜数量如何安排、荤素如何搭配、对方的文化背景、对方可能喜欢的菜品，这些都需要进行深入的了解。还有桌椅的摆放、客人的座次等细节都要安排妥当，以保证晚宴万无一失。

有一次跟随公司全球副总裁与业界 CXO 级别的人用完晚餐，回到家后，我到冰箱里找吃的。家里人用怀疑的眼光看着我，说："你不是去吃饭了么？"我就呵呵一乐："我去当导演了，没有时间吃饭。"久而久之，每个参加宴会的人都成了演员，按照预订的场景、预想的剧情在演习。

西方人喜欢讲"Professional"，其实就是讲"师出以律"。做任何事情都有其职业特点。其实不仅在职场，在生活中也是这样，看那些老艺术家，一个手势、一个眼神、一句不经意的话，无不透露着"律"。一个好的老板，会以律来管理员工、成就员工，如果放纵员工，不是老板不称职，就是对个别员工失望透顶而放弃了。

📓 职场智慧：解决职场中困难的 3 种方式
…………………●

事物经历了屯的生成，蒙的教育，需的发展，必然开始壮大。外表开始有才干，但内心还较为柔弱，必然会遇到困难。既然困难不可避免，就应当正确看待它，而且困难也是成长的一种形式。

小的困难经过自己的努力，必然会消失，不会有大的灾害。在面对大的困难时，建立自己的根据地，并依此慢慢发展。即便没有大的成就，也不会有灾难。在面对困难时，不应用简单的"武力"解决问题，就算问题暂时被解决了，但对方口服心不服，成功也不会长久。我们要将心态放平和，正确面对，并合理解决，处理不好就会两败俱伤。那么，我的解决方式有以下 3 种：

1. 必要时，要注意守护好己有的根据地，然后再寻求解决困难的办法。

2. 生硬地解决问题并非良策，"曲线救国"不失为一种好办法。

3. 面对多方压力时，"兼听则明，偏信则暗"，保持中正原则为最佳方案。

反思：

薪水、职务、老板，哪个因素更重要？

业务频频失利，谁的过错？

谁是你的战略前方，谁是你的战略后方？

如果你是那条"鲶鱼"，你该如何生存？

第 四 章

跳出怪圈，认清变化与机遇

错综复杂的环境随时都存在变化，要想得出准确的结果，就必须考虑得非常全面。对于一件事或者一个人，我们要从正面、反面、内部、外部等多重角度思考，才能得出结果。跳出思想的怪圈，在认清变化与机遇时，主动出击，在错综复杂的环境中求得生存。

看清成功的关键性指标

在与客户接触的初期,很多人都认为如果要赢得客户,就要以优示人。因此,我们坐飞机出差,住五星级酒店,甚至穿高档的衣服,用高级的钢笔,无非是希望向客户展示自己公司的实力,进而证明公司的产品是高层次、高质量的。

但随着业务的发展,我们发现,以强示人尽管对一些不成熟的客户能起到引导作用,使他们"盲从",但在双方都是强者的时候,则很容易产生误会,从而导致双方很难继续合作。

事实上,所谓强强联手是很难实现的。在这种情况下,销售人员该怎么推销自己的产品呢?这时候,我们就会发现返璞归真、回归诚信,才是最好的途径。

2001年到2003年之间,我跟二十几家公司的高管保持着较为密切的联系,并为他们提供了许多设计方案,有时单个项目的费用就高达上百万美元。如何同这些企业的高管沟通,并争取自己的利益成为我经常思索的一个问题。经过几年的发展,自己也积累了一定的人脉,很多高管认可我并喜欢和我交流,大家维持着很好的朋友关系。

从那时候起,KPI成为指导我工作的关键词。KPI全称为Key Performance Indicator,中文译为关键绩效指标法,就是把绩效评估简化为对几个关键指标的考核。将关键指标当作评估标准,这种方法在一定程度上也可以说是目标管理法与帕累托定律(二八法则)的有效结合。将这一方法运用到销售方面,我觉得KPI的关键指标就是找到客户的需求。

在与客户沟通时，经常会发生这样的情形：当一个销售人员对客户经理说："哪天帮忙安排一下你们的老板吧，我请你们吃饭！"客户经理往往会告诉他："不用。"而在项目比较紧急的情况下，甚至会听到："你不用请我吃饭，只要你能帮我们把事情办好，我们请你吃饭都没有问题。"

由此说明，虽然每个人衡量业务成功与否的指标是不一样的，但是决定销售成功与否的关键就在于找到该客户的需求。

为客户介绍合作伙伴

在与北方一家手机公司合作时，我发现他们很少推出新型手机，生产的手机明显滞后于市场需求。我当时想，如果我可以发挥自己的资源优势，帮助他们找到研发手机的资源，或许能在一定程度上促进我们公司方案的利用率。

那时候，手机生产有一个较为便捷的方式是 ODM。ODM 是英语 Original Design Manufacturer 的缩写，直译是"原始设计制造商"。指的是制造商设计出产品后，有时会被其他企业看中，要求配上后者的品牌名称来进行生产。这样可以减少其他厂商研制手机的时间。

承接设计业务的制造商被称为 ODM 厂商，其生产出来的产品就是 ODM 产品。那时候，台湾有一家名为奇美的公司，推出了几款新型产品，外观漂亮，而且性能也很好，他们使用的也正是我们的方案。

奇美是一家由餐饮业转型到生产手机、显示器等数码产品的公司。这家公司最早的时候从事早餐服务业，不管在哪个分店，做出来的早餐总能保持一样的口味和形状。正是这种对企业文化的执着追求，使得其在转型数码产品后也表现出了顽强的生命力。

当时，奇美也非常想进军大陆市场，但由于政策限制一直未能以自己的品牌成功登陆。鉴于当时的市场状况，为奇美找一个属于上升股的合作方是非常重要的。于是，我想到了北方的这家公司。这家公司也许在国内的影响力不是最大的，但是在渠道方面，绝对是非常有潜力的。

就此，我与奇美的营销总监进行了沟通，就其进入大陆市场进行了分析——如果想要跟诺基亚或者摩托罗拉等大型公司合作，可能存在一定的难度。在这个僧多粥少的市场里，不仅很难得到量的保证，在细节方面也经常会遇到过于苛刻的要求。于是，我把北方的这家公司介绍给了奇美。

与此同时，我也与北方的这家公司的总裁就合作模式进行了沟通："虽然我非常希望贵公司能够全力以赴完成我们之间的项目，但是，我也希望能有一些更好的项目能为您的公司带来更多额外的收益，台湾的这家公司或许能帮助您。"接着，我向他介绍了奇美公司的状况，并帮忙处理了联系样机等诸多业务。

或许是因为前期较为顺利地沟通，双方很快就建立了合作关系。尽管在这个过程中，我并没有直接获利，但我却发现，或许是因为我能够站在对方的角度思考问题，能尽快找到客户的需求，才使得在之后的许多项目都开展得十分顺利。

后来，我与南方一家手机制造公司合作。当时英国有一家从事模块生产的公司，而且这家公司也在使用我们的芯片，所以我对他们有较为深入的了解。这家南方公司也在运用模块生产手机，但是用的是一家法国公司的产品。据我了解，法国公司的报价竟然比英国公司的报价高出20美元，有时还存在质量问题。为了更好地解决产品的生产成本及配件供货质量的问题，我将英国公司介绍给了这家南方公司。

当时，这家南方公司的代表与英国公司代表因为语言和文化上存在差异，所以沟通上存有很大的障碍。我不得不在这中间帮他们协调，就英国公司的期望、想法以及中国企业的从业方式等诸多问题进行沟通。

有好几次，我甚至借用饭局来解释中国文化，以求让英国公司更好地了解中国市场。最终，双方达成了协议。当然，我也在他们的成功合作中获得了很大的利益。

随着业务能力的提升以及个人视野的扩展，很多人会发现，与客户的关系会超越简单的合作关系，慢慢地产生一种情感——信任。就像《易经》中比卦所讲"有孚比之"，说明人人相亲相辅应当由诚信开始，才不会有过错。"比之自内"就是说动机应当纯正，应发自内心。我对待客户，想其所想，我找到了客户的需求，发自内心地帮他们找合作伙伴，助其发展，所以我获得了客户的信任，更收获了经济效益。

用数据说话

对于销售人员而言，另外一个提升自己说服力的诀窍就是Dollarization（美元化）。传统的销售人员在卖产品的时候通常会以产品的性能、价格来强调自己产品的优越性。美元化销售思维则是以更加精准的计算结果来说服对方，并打消对方顾虑，直接促成交易。

2002年，我们手上有一个新的手机设计方案，产品的性能和成熟度已经得到了验证，但在单片芯片的价格上比一般产品要贵2美元。当时，我了解到客户已经开始与我们的竞争对手谈判。

为了更好地说服客户，我首先为客户分析了自己与竞争对手的大概情况："我们的产品已经较为成熟，如果您选用我们的产品，2个月后就能出成绩。但是对方就不一定了，即便按照其承诺的时间，也需要比我们更长的时间，因为没有成功的案例支持，所以生产的质量很难得到保障。"

接着，我开始罗列数据："以每月销售6万台计算，每天的销量就高达2000台，以每台300元的利润计算，推迟一天上市，公司就要减少60万元的收入，而同等的方案因为芯片的成本增加部分却仅仅是4000美元，大约为3万元人民币。以此类推，时间越长，所产生的利润差距越大。"

客户当然是选择贵 2 美元但成熟的方案，放弃了便宜 2 美元但有迟延几个月上市的风险方案。

这个方法的核心在于让客户认可我们的计算过程，并得出一个出乎他意料的计算结果。客户需要精准的计算结果，让客户明白哪个才是最好的解决办法。

把握最佳时机

销售人员还需要注意一个问题就是时机。同样是在 2002 年前后，我们公司非常希望能够与首信公司合作一个项目。鉴于此，我特别找到其办公室主任，请他在总裁面前帮我递话。

主任同意了我的请求，但他从办公室出来后却告知我们，他并未向总裁提及此事："我刚刚进总裁办公室的时候，发现他心情非常不好，一会儿，公司还要召开一个重要的会议，这个时候跟他提及此事是不合时宜的。"

由此我发现，与公司的高层沟通，应该正确分析当时所处环境，进而把握最佳的时机。通常情况下，越是职位高的人，越是忙忙碌碌。而在与他们沟通之前，通常会由秘书来询问事情的大致情况。若是遇到繁杂的、自己都很难解释清楚的事情，秘书通常都会痛批一通："老板都很忙，如果三五分钟不能说明白，就先回家好好想想，千万不要耽误老板的时间！"

有一次，我去拜访海尔的高级工程师，想与他沟通一个项目。我在其会议室门口等了一个多小时，可就在他出来的时候，又赶着去参加下一个会议，中间只有等电梯的一点时间。

"没办法，只好赌一把了。"我心里这样想着，跟着他走进了电梯。为了抓住时机，我有条不紊地把自己要说的话全都说了出来，最终，我赢得了这位工程师的认可，拿到了订单。在这个过程中，最重要的就是一定要在尽可能短的时间内将对方的注意力完全吸引过来。我主要对那位高级工程师说了以下几方面的内容：

首先，国内同行业中竞争对手情况，这包括对手的发展方向、销售策略及渠道方针等。

其次，国家政策及市场信息，如工信部（工业和信息化部）的政策以及带来的市场变化等。

最后，客户的个人喜好。那时候，为了更好地与客户沟通，我甚至不得不经常研究包括茶道、宠物常识以及酒的分类等许多知识，以求能够更好地与客户沟通。

对于销售人员来说，成功的关键就是找对客户的需求。人在职场，成功的关键性就是找对方向，认清周围的形式，把握住得来不易的机会。

选对合作伙伴，避免无解方程

2003 年，由于工作的缘故，我有较多的机会认识一些其他公司的高管。这些人大多拥有丰富的社会资源及一定的发展机遇。也正是在这期间，美国一家公司的总裁找到我，希望我可以和他合作，请我担任其在中国新成立的一家公司的副总裁。

在离职的前 3 个月，我已经相继与南方的一些客户交代了自己的去向，并承诺自己将力争在接下来的 3 个月内妥善处理手上的工作，保证他们的项目不受影响。

我选择离职的原因有两点。首先，这家总部在美国的公司无论是设计实力、人员素质还是方案的领先性、技术的完善性，在国际上都是数一数二的。

其次，是因为这家美国公司的总裁 Bill 颇有个人魅力。当时的 Bill，也是风险投资方的代表之一。他50来岁，是个头发已经发白的微胖小老头，有着粗粗的胳膊，每当他说话的时候，沉重的呼吸就随着他兴高采烈的表情传出来。

每次，只要一说到公司的产品，他总会第一时间将它和"钱"这个字联系起来，并用眉飞色舞的神情演绎得完美无限。同事们经常会说："哪怕给Bill一块石头，他的第一反应肯定是寻找需要这样一块石头垫桌子的客户。"

他的脸上似乎总是有一些类似酒精过敏的红点，在他白色的皮肤上显得很扎眼。无论春夏秋冬，他总穿着厚厚的西服，将他微微驼着的背藏起来，一双深棕色的高帮皮鞋、一个大大的黑包，就这样呼应在一起。

公司成立后，我们很快就组建了团队，开始招揽生产、市场、销售、售后等方面的人才。不到一年，公司从最初的几个人扩展到了近百人，而且大多都是在行业中很有工作经验的成员。他们二三十岁，斗志昂扬，对公司的前景充满信心。经过几轮的磨合，大家的默契程度得到了极大的提高，效率也有了大幅提升。

但就在我们大家都满怀信心的时候，公司在经营了两年之后，却宣布转型。重点在于这个公司的性质，它虽然由美国公司投资，却要接受众多股东的管理，这其中既有外国公司又有中国企业。

另一方面，就母公司产品而言，其方案完全提供给国内的合作伙伴，由合作伙伴独家买断。作为分公司，产品的去向开始出现了很大的争议——国内合作伙伴不断压低的价格和其对总公司产品的独家占有权，导致了公司的效益越来越低。

为了缓和这一矛盾，我只好向国内的合作伙伴承诺，不再将方案卖给其竞争者，转而将视线直接转向终端客户。不料事态变得更为严重，合作伙伴的销售团队"起义"了，这种与他们平分天下的现状不久就被全面封杀。这个时候，我们的公司犹如一块鸡肋，"卡"在市场当中左右为难。

2004年年初，合作伙伴的董事长退休了，新上任的董事长因为和Bill沟通不利，也因为Bill更多的只是从投资人的角度衡量市场，双方在整个企业发展战略上产生了很大的分歧，合作以失败告终。

这其中，Bill还曾建议我们将公司一分为二，从产品研发和产品销售两个角度开发市场，试图招揽更多的客户。事实证明，这些都是亡羊补牢之举，一年后，中国分公司宣布解散，总公司的手机业务也宣布停止。

《易经》中的比卦强调，当我们要和别人合作、共事的时候，一定要选对合作伙伴。如果没有选对合作伙伴，基本上就是解一道无解的方程式，花多大的精力也不会有结果。"比之匪人，不亦伤乎"讲的就是选错了合作伙伴，以致阴阳相斥。所亲近的人，都不是应当亲近的人，怎不令人伤心！如果不是能成就自己的领导，就换部门，如果不是能成就自己的公司，就再找一份工作。

宝剑开刃需待时

因为学习《易经》的缘故，我对其他传统文化也产生了深厚的兴趣。2001年，我开始接触太极拳，经过摸索和学习，我在2003年遇到了一个很好的老师——陈龙骧。

作为一代太极拳大师李雅轩先生的嫡系传人，陈龙骧老师8岁即追随其师习太极拳艺，深得其师器重，并传得衣钵。陈老师对人极好，每次拜会完陈老师返回时，他都步行近1公里送我上车，使我离开时都不忍回头看他。

　　陈老师不仅德高望重，而且为人也非常谦卑，因此我们都很愿意和他交流。但随着学习的深入，我发现他总是遵循一招一式的顺序教我学习。因为太极的动作很慢，而且传统杨氏太极拳有115式，一招一式学下来总是颇费周折，而且费时良久。这不禁让我有些烦躁，对于年轻的我来说，再没有比能马上让我见到效果更兴奋的事情了。

　　那时候，别人似乎都在推手、散手、技击上有很大的进展，而我却在很长一段时间后毫无长进。我再也熬不住了，好几次追着他，希望他能教我一些更高层次的东西，而他却总是一副不紧不慢的样子。甚至有几次，我都想放弃学拳了。

　　也许是因为我多次流露出不耐烦的情绪，陈老师终于看不下去了，他对我说："我年轻的时候，也经历过像你这样的阶段。"因为8岁就开始习武，陈老师说他小时候特别希望能赶紧学好太极拳，这样就可以跟人家比武，向别人展示自己的能力。他还说："那时候，只要有人练散手、推手或者技击的动作，我就在旁边学。"

　　而让他发生改变的是太师父李雅轩对他说的一段话，让他彻底意识到学太极拳是分阶段的："学习太极拳，就犹如铸一把剑，需要经过一系列的工艺。对人们而言，看到一把锋利的剑是最值得期待的，而锻造过程通常会被认为是最枯燥、最耗时费力，且最没有效果的阶段。

　　"但是，当一块好钢经过千锤百炼再进行淬火，效果是不一样的。这时候再开刃，会铸就一把真正的宝剑，杀伤力也就会瞬间增大。如果没有经过好好的锻炼，开了刃能是一把宝剑吗？如果刀锋不够锋利能再回炉吗？"

　　之后，有很多人跟着他学太极拳，也出现了同样的问题，他为此曾特别撰文，在这篇名为《李雅轩先师传授的太极步法》的文章中，他写了如下文字：

忽忆起先师临终之言："一切都在拳上找，松软是太极拳的宝贝。"才恍然大悟症结所在，深信先师言之不诬也。学拳之初，学推手之初，如果不能坚持大松大软、松净、松透的练法，脑子里始终有用力使劲的意识，则松沉之劲不能逐渐而成！

这种意识使劲道半松不松，硬柔混杂，其如煮饭，火力不透则米不熟，煮成夹生饭，其后怎么煮总不熟，总不好吃。特别是初学推手时，多不敢完全放开，因放开以后怕挨打，所以自然有接触后就反抗，以求自保的本能反应。由于这种思想，久而久之在两手两臂骨质肌肉之间，形成一种犟劲的胚胎。这种胚胎一旦形成，就如夹生饭一样很难软化，所以即便练拳多年，由于这种犟劲作怪，出手也是硬邦邦的，缺乏柔韧和灵感。

他还在文中指出，"譬如写字，先学楷书，有了笔力基础；然后学行书；行书学好，再学草书。如此作书，虽快而法不乱"。也就是说书法要一步一步从正楷开始，慢慢向行书和草书过渡，才能较好地领会书法所包含的形、神、艺等要素。

此后，我逐步调整了自己的学习策略，一步一个脚印地认真学习太极拳的一招一式，如此坚持两年。等他真正开始教我一些推手的知识后，我发现自己竟然很快就能上手，有时甚至还能在公园跟一些专业练过推手的人"比试"几番。

陈老师教我的这些道理对我的生活和工作也起了很重要的指导意义。2006 年，我把《易经》这本书推荐给了一位在上海工作的朋友，朋友对我说："我一个学理工的人，学这样的东西有什么用？"

可能是迫于我苦口婆心地劝告，朋友还是看了。结果没几天，朋友给我来了个电话，说："老高啊，我觉得这个《易经》真是特别有意思。"

"你说说哪方面有意思？"对于这样一个坚守在 IT 界的朋友，只是希望他能借鉴一些《易经》中的智慧，并不指望他能在短时间内对《易经》产生浓厚的兴趣。

"我发现自己 30 多年的人生竟然和《易经》的每一卦都相对应，而且每一步都和卦所表述的一样！"朋友继续在电话中表达着他的惊讶。

"这就是《易经》宝贵的一面，它其实就是一本阐述事物发展规律的秘籍。"事实上，《易经》就是通过观察周边事物的发展规律总结得出的，所以它必然有其普遍性。

有时候，通过分析自己目前所处的位置及周围的环境，人们可以很好地预知事物发展的方向以及其可能产生的风险。

2003 年，我还在德州仪器公司时，当时的老板谢兵事业正在如日中天之际。因为前任总经理已经接近退休的年纪，公司内部已经发文将谢兵拟为总经理人选。但是，就在这个时候，谢兵却做出决定：离开中国，前往加拿大总部，担任总部的一名普通员工。

这不禁让我们大感意外，当时，他的业绩非常突出，与公司同事的关系非常融洽，而且深得公司领导的认可。在众人眼中，他将被培养成一位高层管理人员。可他竟然在这种万事俱备的时刻提出前往加拿大，到总部去担任一个普通的员工，选择一切从零开始，岂不是笑话？

"做得这么好为什么要走呢？"我的好奇和疑惑还是希望得到解释。

"正是因为做得好，认为自己到了一个顶峰，所以即便等两年勉强去接一个总经理的位置，对我而言也不是一个很大的突破。"他告诉我，其实是希望能向外寻求一个更大的个人突破。"不用担心，3 年后我一定会回来的。"谢兵走前跟我说道。

3 年后，他再次出现在我们面前，是在被任命为中国区总裁之后。他用更好的结果向我们证明了自己的选择是正确的。事实证明，在加拿大，尽管一切于他而言都是从头开始，但他却收获了自己想要的东西，这包括对整个北美生活及人文环境的了解、足够多的与公司总部的沟通机会。

仔细看《易经》中既济这一卦，所有的爻都在该有的位置，呈现出一种非常完美的态势。就犹如一家流程非常完善的公司，所有人都能在自己的位置上恪守尽职，但正是这种一片祥和的态势容易造成人们积极性减退、创新力下降等问题。慢慢地，业绩也就开始萎缩了。相反，那些经常出现冲突的公司，却经常能够带来产品、技术以及部门发展等诸多方面的积极性。

人们很难理解为什么会出现这种局面。但从《易经》来看，这正是"否极泰来"的思想。在泰卦，每个人所面临的环境都很安逸，却在中间酝酿了所有不利的爻，稍一变化，就会导致内部的能动性发生变化，从而遏制了创新力的爆发，并影响整个生产力。在否卦中，受尽一切磨难后，就会向顺境转化，苦尽甘来。

其实做事也是这样，任何人都要经历苦难，任何成功的背后都曾是失败。练太极拳需要时间的积累，与客户的沟通技巧更需要从实践中得来，正所谓"梅花香自苦寒来，宝剑锋从磨砺出"。

只有相对，没有绝对

"你觉得现在的项目进展怎么样？"上司问道。

"应该问题不大，就目前的情况看来，稳操胜券。"我回答。

"你是不是认为什么问题都没有了？"上司又追问道。

"可以这么说吧，前期工作都做得非常充分了。"我有些纳闷，上司有什么不放心吗？

相差 50 米的销售

我的上司依旧一副担心的样子，接着，他给我讲了一个他负责销售时的故事。

"那时候，我们与一位四川的客户谈得非常好，为了确认合作，对方的客户代表带着公章和合同，坐火车来了北京。那时的交通和通讯并不像现在这么便利，所以，公司派了一个销售人员到火车站去接这位客户代表。

"到了火车站，这个销售人员便站在车站外候车，因为火车晚点，耽误了好几个小时。终于等到列车，可过了一个小时后，客户代表还是没有走出来。无奈之下，他跑进车站，但还是没有找到客户代表。

"这位销售人员终于按捺不住向他的领导汇报了'人没有接着'的事实。第二天，消息传来，客户代表已经和另一家公司签订了合同。"

原来，就在客户代表下车的时候，那家公司派出的销售人员已经在车站里等候。趁其下车之际将其"绑架"，一路上对其软磨硬泡，并投其所好，竟将这个客户代表说服，从而促成了这次合作。

"你看，就算是这么有利的条件，我们还是把单子丢了。"上司接着说，"好的销售人员和差的销售人员到底差多远呢？有时不过就是 50 米的站内与站外的距离。"

不得不承认，商务活动每天都在发生变化。而这恰好是《易经》中所蕴含的"变卦"。

凡事都充满变数

2003 年，公司的中国区老板负责整个公司的人事调整工作。他曾对我说："摆在我面前的这个名单就像一盘棋，每个人都是上面的棋子，提拔谁、调动谁、淘汰谁，没有人告诉你规则，一切结果都在发生变化。"

在他看来，对于整个亚太区而言，他自己也不过是一颗棋子。他曾说："那些变化，如果会影响到全局的和谐，就算再好也只能暂停。有很多下属不能理解，为什么自己明明干得很好，却总是得不到提拔，其实'适当的等待更加重要'。"

有一段时间，我也将《易经》的思维运用到了人员招聘、升职等方面，以期指导自己的工作。在面试的时候，我常常喜欢问员工这样一个问题："你未来三到五年的职业规划是什么？"一来是想通过这个问题考察应聘者的思维方式、表达技能，更重要的是希望通过他的回答来判断是否与公司的发展相契合，以便防止不必要的变故。事实证明，当公司的发展与个人的发展不匹配时就必然导致双方合作的失败。

2005年，在我新加入的北欧公司组建团队的时候，我们特别需要一位技术方面的人才。猎头向我们推荐的是一位在青岛工作的小伙子，经验丰富、年轻有为，无论是为人处世还是专业技能都完全符合我们公司的需求。无疑，他进入了我们公司，而且成为了公司的重点培养对象，年底的时候还送去国外培训了一段时间。回来的当天，恰好是公司年会，他中了一等奖——一台大彩电。

"我们也太邪乎了，年会中大奖的两个人都提出辞职了。"开春的时候，这位技术人员提出了辞职，经了解是去了一家跨国公司。我知道他去意已决，挽留也没有用。

我开始反思发生这种变故的原因，纵观一切程序都是正常的，但在预测未来方面，我显然缺少长远的考虑。这个小伙子是在青岛安有家室的人，而他之所以舍弃那边的美好生活前来北京，说明他是一个成长欲望非常强且对成长速度要求非常高的人。他来北京无非是希望能有一个好的发展平台，而以其资历和经验，我那个新组建的北欧公司显然已经不能满足他的需求。

当事情发展时，我们一定要充分意识到，事物的发展可能是超出预期的，也因此，我们常常需要制定多个方案来预防可能发生的状况。

这不得不说到"变卦"这个词。"变卦"就是"卦变"，来自于《易经》之说，指的是从一种卦象到另一种卦象的转变。"卦变"作为一种常态，既指卦序本来之变，如孔子《序卦传》所演绎的，代表天地人本来的规律性，又指占卜操作时，由于老阴、老阳物极必反，产生爻变，进而所出现的新卦。

《易经》六十四卦描述的是六十四种状态或局面，任何状态或局面都是动态的、有变化的。在外力及自身行为的作用下，都有可能发生变化。我们常说的某人不守约定叫"变卦"，就有突如其来改变的意思，具有不确定性，照此推测，其来源应是后一种"卦变"。也就是说，一个人本来处于"乾"的状态，现在"变卦"了，就可能变出其他六十三种卦象所代表的各种情况。

在相对稳定的条件及个人取向不发生重大改变的情况下，某种状态的发展趋势是可以确定和预知的。根据可预知的走向，人们可以做出较为正确的决策，用以趋利避害。用《易经》中的理论看待事物，是变化的而不是死板的，所有的事物只有相对，没有绝对。没有一成不变的事情，也没有一成不变的人生。

上错花轿的"新娘"

2002 年，公司与 TCL 公司商谈合作时一直都找不到切入点。当时，TCL 公司的总裁与一家供应商的关系特别牢固，一直保持着稳定的合作关系。因为市场对合作的产品反响非常好，所以，从上层领导到下层员工，都对与其合作信心满满，从未考虑过要更换供应商。而我们的方案和对方相比也不存在明显的优势。

"TCL 根本不可能采用我们的方案！"大半年下来，方案的销售工作毫无进展。TCL 公司甚至连一点暗示都没有给过我们，我们所有的工作人员都已经快要放弃了。尽管如此，我还是坚持一次次地去联系他们，希望能够有一些突破和进展。

或许是功夫不负有心人，就在不久后，TCL 公司的人事开始发生了一些调整：新的副总裁加入了公司，对公司的发展理念提出了一些新的看法；内部也因为对市场的规划和产品发展战略不相符而产生了一些分歧。或许是为了寻求多样化的合作机会，种种变化之后，我们的方案竟然被选中了，而且，是几乎没有经过什么改变的方案！

"看，你要是喜欢一个女孩子，就算是上了花轿的新娘，大家也不要放弃啊！也许，路上还有可能发生什么变化，搞不好她就成为你的人了。"销售的同事常常拿这个例子激励大家。这个结局让我们欣喜若狂，更提醒我们在任何时候都不要放弃，也许转机马上就会降临。

事实上，在有些时候，当我们的行为已经达到极致，没有办法改变的时候，事物的发展依旧可能会出现转机。对方的情况可能还会发生变化，而且这种变化可能是不可控的，也就有可能为我们带来新的发展机会。

要认识到，事物的发展是错综复杂的，而且其中存在着很大的风险，所以根据其发展方向多准备一些预案是非常有价值的。面对这样一个错综复杂的世界，什么都有可能发生，我们只能用敏锐的观察力来洞察周围的一切，从而等待最佳时机，采取攻势，取得成功。

西方理念中的性格测试

2005 年，我在北欧的一家公司担任中国区总经理，负责公司团队建设。为此我曾去欧洲总部，谈了一些自己在未来团队建设、人才发展等方面的想法，并希望通过交流，了解总部的文化，以便能够更好地在传承文化的同时实现一定的创新。

当时，我发现在他们内部特别流行性格测试。在中国，依靠人面试来选用人才，这中间有很多的不缺定性，包括面试官的个人背景、个人修养，而且和当时的情绪有很大的关系。而欧洲所流行的性格测试正是通过量化的方式来追求更为精准的结果。

那时候，我们无一例外地都接受了专业顾问公司的性格测试。测试可以选择多种语言，并且会被告知选择并没有对错之分。之后，顾问公司将依据测试结果判断每个人的性格类型，并依此画出一条专业的性格曲线。依照这条曲线，可以较好地分析此人与所寻求或所在岗位的匹配度，以及可能遭遇的局限性。

"这种东西对本职工作的影响真的有这么大吗？"在我接受完性格测试的时候，我还是表示了自己的怀疑。当时，我认为这种测试是不适合中国的，因为中国人性格内敛，西方人相对外向，在进行这一类测试时必然会有一定的差异。但对方告诉我，没有关系，这些不过是参考而已。当测试结果显示此人与求职岗位有较大偏差的时候，面试官必然会存在一定的顾虑，有时也存在重新面试的情况。

"我们还是希望你的性格和你的职业选择有一定的默契度，这样能够保证你在自己的职业道路上走得更长远。而且，这个东西是有时效性的。一年内，我们将以此为准，一年后，如果此人面临新的工作调整，还需要重新接受测试。"这个回答大大出乎我的意料。

"为什么呢？"我好奇地问。

"因为人在一年内也会发展变化，可能会受到很多因素的影响，这其中包括家庭的变故、公司文化、周围同事、领导的理念、培训课程，等等。将有很多因素导致一个人发生很多的变化。"也因此，他们认为即便是精确的性格测试，结果也只能沿用一年。

这不正与《易经》中错综复杂的理念异曲同工吗？所谓"错综复杂"，应当叫作"错综交互"更贴切一些，这也正是《易经》里面的基本理念。其实也是我们日常处理问题应有的理念。西方管理中提出"360度考评"，就是从员工的上下级、身边同事、外部客户等多角度对员工进行考评，但这样也并未做到"错综复杂"处理问题的境界。我们每个人都应该以发展的眼光来看待周围的人和事，而不要执着于眼前的情况。

清洁工的"慧眼"

这是我工作之后听到的一个故事：一个清洁工辞职了，离开了一家很大的上市公司，找了一份新的工作。上班第一天，有人问她："你原来的公司不是挺好的吗？上市公司，挣钱多，人也多。"

"我告诉你，估计不需要多久就会出问题了。"清洁工非常淡定地说。

"瞎说，怎么可能，大家都说这家公司发展挺好的啊，而且公司高层好像满怀信心。"这个人显然对这个清洁工的说法持怀疑态度。

几个月后，这家上市公司果然倒闭了。

"说说，你怎么判断出那家公司要出事的。"这个人又去问清洁工。

"唉，我哪里有什么判断，只不过给会议室送茶水的时候，经常看见来开会的都是新面孔。我就奇怪，这家公司开会的领导怎么总变呢。还有啊，他们开会后的表情好像个个都不怎么开心。"

不用奇怪，当公司里每个人都在研究股票、分析财务状况的时候，总有这么一些"清洁工"通过看公司里人的表情就能判断出公司的生死存亡了。

从 iPhone 看整个手机市场

事物的变化总是遵循一定的规律，而这种变化是有意义且蕴含诸多机遇的。2004 年，我决心离开手机行业，在我看来，手机制造无论是硬件还是软件，都已经到达了顶峰。人们只要区区几百块钱就可以买到包含彩信、音乐播放器、视频播放器的多功能手机。这样一个夕阳产业，再走下去也不过如此了！

事实果真如此吗？ 2008 年 iPhone 的推出向全世界证明我当初的想法是多么可笑。这一个产品依靠自己的性能重新向世人定义了手机的价值。它向人们证明，仅仅在性能和功能上发挥到极致是不够的，而抛开这些，站在用户体验上来寻求产品的更高价值才是更为高明的举措。

iPhone 的价格也符合 "撇脂定价法"。所谓 "撇脂定价法"，又称高价法，即将产品的价格定得较高，尽可能在产品生命初期，在竞争者研制出相似的产品以前，尽快地收回投资，以此取得更多的利润。一般而言，此法适用于全新产品、受专利保护的产品、流行产品等。

尾货市场不可小觑

就在我热衷于研发新产品的时候，另外一些企业的做法引起了我的兴趣。这是几家浙江的小企业，他们经常到一些公司寻找产品——尾货产品。

相较新品而言，这些尾货产品在价格上占有明显的优势，有时甚至是用称重的方式来售出的。他们收到这类产品后，便将其打包卖给批发商。因为售后和维修可能存在一些问题，他们通常会同时赠几十台手机。这样他们还省去了后期维修的成本。几轮下来，许多名不见经传的小公司都获得了非常高的利润。

事实上，尾货已经成为许多企业发家致富的制胜法宝。我国是一个制造业大国、贸易大国、消费大国，同时也是一个尾货大国。一般而言，为确保生产足量的合格产品，国外品牌的来料配给量会大于订单要求。加工厂家在按订单交货后，也会有部分剩余的产品，这就形成了尾货。

随着市场越来越细分化，出现了越来越多的专业营销尾货的市场。尾货市场已经成为我国商品交易市场的一个重要组成部分，尾货也就成为在市场自由流通的重要品种之一。

职场智慧：把握机遇的 3 个法则

认识并遵循事物发展规律是非常重要，就像夹生饭很难再煮熟一样，过早开刃的刀，要想再次回炉，让其更加锋利也是很难的。因此，我们在做人和做事的时候，都要把握时机、抓住机遇，避免出现错误时再补救。

1. 变卦无处不在，其实最好的销售人员就差那"50 米的差距"。

2. 不要轻言放弃，有些人或许就是那个上错花轿的"新娘"。

3. 当企业处于研发新品的瓶颈时，另辟蹊径地借用"尾货理论"，或许也能出奇制胜。

反思：

如何理解人们常说的"否极泰来""错综复杂"？

不同的上级，哪个才是你的战略联盟？

为什么清洁工会成为企业倒闭的预言家？

为什么经常有人在突然升职后"水土不服"？

第 五 章

CHAPTER 5

团结力量，打造无形人际网

人们所处的位置直接决定了自己与周围事物的关系，这种相对独立却又存在关联的特点也成了分析人际关系的重要依据，在一定程度上也间接地反映了某个人的为人。虽然这个关系看不见，摸不着，却主导了身边人和事的发展方向。

三组 PPT，让中西方管理层沟通无障碍

于我而言，离开我亲手创立的公司多少觉得有点辛酸，却也让我对环境及人的选择有了更深刻的体会。也是从那时起，我从一个单纯对外的销售人员努力转型为一个更注重综合素质的管理者。

第一天来到新公司，我领了办公文具后坐在座位上，依旧是百无聊赖的状态，整个上午也没有人给我分配任务。下午，我突然想到，我是来担任中国区总监的，负责整个产品线，而老板又在境外。因而周围的人不会告诉我应该干什么，他们只会听我让他们做什么。

"该做点什么呢？"我开始给自己安排任务。

首先，我从人事部门拿了一份公司的组织机构图做起了研究——每个部门的负责人、每个部门成员的组成以及他们所从事的主要工作。

接着，我马上给每个事业部的负责人发了一封邮件：我是新来的中国区总监高军良，我希望能够和您进行一对一的交流。虽然我对您以及您的部门并不是十分了解，但是我希望您能给我三十分钟，或者十分钟让我向您介绍我来自哪里、我负责的工作，并希望通过沟通知道您的部门主要从事的工作，我们未来将会有怎样的合作。

就这样，一二十个会议就出来了。为了让自己更快地融入新环境，我非常注重和别人交谈时对方所提供的信息。对公司现状及未来的发展方向、对事业部存在的问题及原因，他们提供了非常多的意见与建议，更为我们之后的合作打下了坚实的基础。当时，有一个负责市场的经理非常忙，为了与他见面，我用了近三个月的时间才约到他。

除去和部门负责人沟通，我也积极和下属交流，以了解公司正式或

者非正式的工作流程，并着重掌握每个人的做事风格。

两个月过去了，我已经对公司有了一个较为全面的了解。这时，我向公司提出希望可以前往美国，以便自己更好地了解跨国公司的整体面貌和每个事业部、相关负责人及其产品的情况。不久，公司给了我十天的考察学习时间。

"必须好好利用这十天的时间。"我心里不断地提醒自己。我同样给总部发了一封邮件，提前告诉他们我需要跟哪些事业部的负责人进行沟通，并特别提出需要一次集体会议。"我希望在这次集体会议中，我可以了解到大家对中国市场的看法。"

为了引起对方的注意，我做了三组PPT。第一组是我到公司几个月的感受。我将公司形容为一个黑盒子——一个让我感到压抑，没有出口的黑盒子。"在公司，我不知道谁能够帮助我，即便出现了问题，也没有人来帮我！"在展示这组PPT时，我将自己所有的担心、顾虑全都展露无遗，为的是在这一吐为快的过程中得到大家的重视。

"我对公司的产品并不了解，但是我知道基于目前的状况来看，我们的产品是有问题的。研发产品的同事向我们要了许多的客户信息，我也将所知道的东西倾囊相授。在这个基础上，研发人员制作了产品，但结果，研发人员问销售人员为什么产品卖不出去。大家知道，我们的信息来源于客户，那么请问，客户的信息又是从何而来呢？"

这时大家你看我，我看你，面面相觑。于是，我接着说："从竞争对手中来。而这又说明了什么呢？说明竞争对手先把信息传递给客户，而客户将信息传递给我们，由此可知，我们的产品是多么滞后啊！"

在第二组PPT中，我向他们清晰地展示了流程需要耗费的周期，也就是说，等我们的产品出来的时候，已经比客户的需求晚了几个月甚至是一年了。因此，产品的规划应该颠倒过来。发射太空飞船，科学家需要提前规划好飞船到达的地点；产品的销售也一样，我们需要提前知道我们的目标客户群在哪里。

接着，我继续展示第三组PPT，将自己对公司的一些设想体现在里面，并解释道："我们公司在各国有许多分部，也有过许多成功和失败的案例。当我们前面有个坑的时候，总部总是等我们掉下去才想办法来救我们，而不是提前提醒我们，或者在前方为我们搭一块板。为什么会出现这样的问题呢？因为我们缺少沟通，缺少对彼此的了解。希望我的这次旅程能开启我们之间的心门。"

一开始，总部对我们中国分部的整个团队存有很多看法，认为我们做事没有清晰的逻辑，事情总是得不到清晰的结果，总是给总部似是而非的回复。然而，我们对总部也有很大意见，认为总部让人难以捉摸，对中国公司又非常冷淡，不支持我们，还对我们反映的问题推三阻四。

在这次去总部考察期间，我发现总部里的大部分人貌似"很土"。他们未曾出过国，也未曾深入地了解过中国，甚至跟大多数人一样一直以为自己是地球的中心。所以，在我的演讲中向他们传达出：作为一个中国人，我跟西方国家的人打交道很久了，并自认为了解了其中的一部分，但我不认为自己能了解全部，就像你们不了解中国人一样。

在演讲时，我将一张纸一分为二，两边分别写着大大的"中""西"两个字，并在其下罗列了一些中西文化差异。我试图让美国人了解中国人的思维方式和做事方式，并试图寻找到与他们相同的地方。

那时候，当我还在上一个城市参加会议的时候，下一站的公司领导就已经提醒下属一定要参加我的会议。后来我才知道，原来我在会议上提出的许多问题，都是他们已经意识到但碍于身份未曾向上级反映的问题，而我，或许因为来自中国，所以少了几分畏惧。这种感同身受让我们之间的距离瞬间拉近了许多。也因此，我得到了他们的大力支持。

将 PPT 理念化为行动

我得到了总部的支持，又积极与下属沟通，在公司开展工作时也变得得心应手。当时，我们手上有一个叫"瘦客户机"的项目。所谓"瘦客户机"，指的是在运用产品上，将其核心处理能力交给中心机来完成。这样，客户机的功能即便单薄一些，也不会影响整体项目的进展。以银行为例，每个工作人员只需要较简单的机器和程序便可以完成全部工作。

接到这个项目的销售任务后，我不再采取往常那种直接寻找客户的方式，而是将在总部会议上的理念践行到这个业务中。首先，我找了尽量多的代理商、行业朋友、原有客户、政府朋友，询问他们关于这一行在国内的市场、国家政策、客户等情况以及未来的发展方向等等。收集完所有数据后，我做了一套方案。

方案首先对中国大环境进行了细致的描述，并对客户的生产能力、发展方向进行了归纳总结。接着，我对市场需求总量进行分析，并得出我们可以占有的比重。在这个基础上，我测算出公司三年内的预算以及可能产生的效益，并向公司提出需要的人力、资源、技术和财力等各类支持。在方案中，我也同时分析了竞争对手的人员配置、市场占有率及产品优劣势等情况。

前期信息收集得越完整，后面的流程就越顺利，并为我争取了许多重要的资源。其中就有我们公司当时研发的一种多媒体演示版。这种演示版全球只有几块样板用于客户演示，按照常规，以中国公司当时的实力根本不可能拿到。但后来我们争取到了这些样板，很大的原因就在于我们在做"瘦客户机"项目时，与总部进行了良好沟通。

任何事情都离不开沟通，个人的职业发展也是如此。管理者如果不能构建一个和谐的内部环境，那只能是孤掌难鸣，曲高和寡。从演示完三组 PPT 开始，到后来的"瘦客户机"项目，以及拿到全球仅有的几块多媒体演示版，我都是带着真诚的心与总部沟通。如果不是与总部建立了良好的沟通关系，我及我的团队也不可能取得后来更大的成绩。

职场看不见的"隔代亲"
................●

2004 年，我的一个朋友跳槽去了欧洲一家生产公司，手下带着一些一线员工。那天，我们约在一家云南菜馆见面，聊了聊各自的工作，彼此都觉得很开心。

"我最近发现一个现象，让我觉得挺纳闷的。总监有时挺器重我的，但有时又让我觉得自己并不是那么受重视。"据了解，这个朋友在新公司的业绩不错，因此总部领导也很重视他，并让他带着一线销售团队。

"可能是因为以前在管理方面没有经验吧，但我们总监的上级，也就是我们的副总裁却挺器重我的，还经常给我一些很好的发展机会。此外，还经常问我对工作、对整个行业的看法。"朋友一副很纳闷的表情。

听着他说，我突然笑了出来，对他说："这其实是职场中经常遇到的情况，发生这种情况可谓是常态。不仅仅是你，其他人也经常会遇到和自己上级的上级很有默契的事情。"

"为什么呢？难道这也有规律？"朋友感到很惊讶。

"当然，我就以你现在所处的位置，用《易经》中的道理给你进行一个初步分析。"说着，我给他画了一个乾卦的卦图（见图 5-1），并说道，"以你公司整体的情况来看，因为公司有远大的发展前景，而且业务一直处于上升状态，应该是处于乾卦的情形。而你目前所处的位置，以经理级别来论，应该是在九二这个位置。"

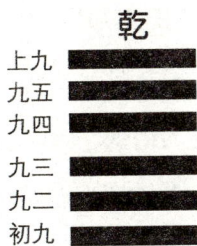

乾

上九	▬▬▬▬▬
九五	▬▬▬▬▬
九四	▬▬▬▬▬
九三	▬▬▬▬▬
九二	▬▬▬▬▬
初九	▬▬▬▬▬

图 5-1　乾卦图

　　我边说边在九二这个位置给他做了个标记。首先应该让他了解九二这一爻的特点，才能很好地认识他和周边人物的关系。我给他分析道："九二这一爻是阴位阳爻，属于不得正的状态，这就犹如你能力很强，却受到压制。"

　　接着我便开始分析他和他的上级——九三之间的关系。"因为两个爻位置临近，九三和九二也存在相亲相辅的关系。更因为利益统一，所以关系有时很好。但因为九三已经成长到内卦的最外端，而且你们都是阳爻，所以必然存在一定的排斥性。而且你是阴位，他是阳位，就所处位置而言，你的优势显然不如他强，所以你不能指望他处处都喜欢和理解你。实际上，他可能对你有点不屑，因为你所拥有的专业技能不如他，而且他离基层并不遥远，所以依靠你来获得市场信息的机会也比较少。"

　　听到这里，朋友有些失望。我继续分析："另一方面，因为他已经处于内卦的外沿，所以他有迫切想往外卦发展的愿望。也因此，他会花费较大的精力在外部资源的拓展上，在此情形下，你应当先做好自己分内的事，不要让他挑出什么错误，否则相亲相辅的特性会越来越弱，甚至存在一定的排斥感，更不用说欣赏了。"

　　"那为什么我们公司的副总裁却很欣赏我呢？"

　　"公司的副总裁已经处于外卦（九四），离公司内卦比较远，得到公司一手信息的机会也就相对减少，即便有信息，过滤到他那里后也失真了。"我接着给他分析，"而你离一线较近，所以存在着一些吸引他的特性。"

"那为什么不是初九直接向他汇报呢，他不是有更直接的基层体验吗？"

"不一样的，虽然初九和九四分别处于内、外卦的第一卦，但是处于初九这个位置的人，内部的组织、协调及沟通能力都还没有成长起来，外加直接接触到九四的机会也少，有时甚至连老板表述的内容都不能完全理解。因此，初九对九四并没有明显的吸引力。"我告诉他，九四对他的欣赏是位置使然，和其为人好坏、能力大小并没有绝对关系，但运用好这种关系也是一笔很重要的财富。

"那我和其他爻之间的关系呢？"朋友显然并不满足于我上面分析的这些内容。

"先说九五，你们两个都处于卦的中央，很多时候面临类似的压力，所以你们之间存在呼应关系，却也要意识到应保持一定的距离。位于九五这个位置的人经验很丰富，他甚至可以脱离本身的行业而独立存在。"

"那和上九之间呢？"

"上九已经到了'亢龙有悔'的阶段，已经发展到卦的最外延，如果再往上走就已经是'群龙无首'了。他已经脱离基层，而且和你也不存在什么关系，因此你们不需要太亲近。"

"我该怎么和我的下级——初九接触呢？"

"你要将下属的积极性调动起来，以便和你的下属之间形成相亲相辅、共同成长的关系。"

"我的下属也很能干。"朋友急忙补充。

"适当地弱化自己的角色是很有作用的，充分地授权于下属，也是自己成长的一部分。"接着我给他举了个例子。

2001 年，我的一个同事刚从普通职员提升为经理，带着团队，手上还负责几个大项目。经过一段时间的观察，我们发现他虽然将一些项目转让出去了，他所带的项目组中每个人都有项目，但是最大的项目却留在他手中。

一年下来，大家对他的整体评价是"此人没有很好地实现转型，更多的时候，他还是那个冲锋陷阵、以身作则的猛士，却绝对不能算是一位善将，更不能算是一个运筹帷幄的好经理。"现在看来，最大的问题就在于从初九向九二转型的过程中，他不能很好地进行角色转变，甚至存在很多认识上的误区。

实际上，彻底地从一个业务能手转型到管理高手，更多的是心态的转型，并非很多人单纯认为的做好业绩就可以了。而在我们分析看来，他当初之所以不肯放手最大的项目，最重要的是他没有安全感。他需要通过落实具体的项目来加强自己的安全感，以此体现自己的价值。也因此，他根本没有谙熟管理之道。

实际上，在九二这个位置，要想和初九形成良性互动还要有一定的技巧。一方面，因为刚脱离基层，他能够深切地体会下属执行每个任务时将遭遇的酸甜苦辣。但在九二这个位置，也很容易想当然地认为下属有义务及责任做到和自己一样，从而容易对结果要求得过于完美。另一方面，九二的位置并不是确定和绝对的，尽管他已经开始接触管理层，但成为真正的高层还存在一定差距。这种踌躇和犹豫很容易让他在转型过程中受挫。

其实一个人在公司所处的位置，以及他与周围环境的关系是非常复杂的，并非单纯只是做好手上的事情、完成一个任务这么简单。不仅是九二，其实，每个卦中的每一爻都和其他爻之间存在着重要的关联。

这种相生相克、相吸相斥的关系一直都存在。充分地理解这些特性对每个人的工作都有很大的帮助。我们身边并不缺少这样的例子。继续以乾卦为例分析即可知道，九三所处的位置已经明显区别于九二的处境。

九三是阳爻阳位，属于位置比较得正的状态。从公司来看，他已经由基层上升到内部管理层，并具备从公司内部管理向外部管理发展的实力、资本和机会，更因为积累了丰富的人脉和社会资源，他有很多发展到外卦的机会。

但九三有一个很大的问题——他开始脱离基层了，一些业务能力开始衰落。但是，公司发展所需的组织、协调、处理人际关系、资源整合等能力却能得到很好的提升。在很多大公司，尤其是千人以上的公司，这种中层领导非常重要。他们是公司的脊梁，也能很快地成长为各方人才。随着公司规模的扩大，对于协调能力会有更高的要求，他们需要协调公司内外部资源来完成任务。

因为接收到的信息都是被过滤过的，因而，在和位于九三这个位置的人交流时，不难发现他们反馈的许多信息是不完全的。因为处于内卦最外端，九三需要面对来自外部的所有压力，也因此，位于这个位置的人通常要承担比其他位置的人更大、更多的压力。

从九三到九四，虽然只是一步的成长，却是从内部管理转向了外部管理。如果成长不好，便极易陷入"不三不四"的困境中。在和九四相处的时候，九三需要非常谨慎，九四所处的外部环境使得他成长为更高层次的管理人员，九三甚至不能与其同日而语。九三和九五却常常存在一些契合点。

也不难发现，有些副总裁在公司成长得太快，从而使自己的处境变得非常尴尬，因为位于九五的总裁并没有让位的可能性。这种情况下，处于外卦初期的九四只好寻找外围空间的成长，更因为他熟悉九五的游戏规则，所以很容易被其他公司挖走，并给予总裁这样的职位。

九二处于卦的内部，了解下层员工的所有情况，而且具有一定的管理能力。所以有时我们会发现，有些董事会在做出重大决定后，会不自觉地想要启用年轻人，从而使得位于九二这个层次的管理人员备受重视。

"管好"自己的老板

经常有人会问，老板喜欢什么样的员工，又该怎样和老板相处。我想借用《易经》中阴阳结合的管理智慧来讲讲自己的看法。人应该像水一样灵活，很好地和老板做到阴阳相济、刚柔结合。

如果两个人都很阳刚，就很容易掐起来，甚至发展到不能一起工作的地步。相反，如果大家都很阴柔，整个团队的人都放手让别人做事，就很容易使团队松散。很多时候，人们做事最重要的并不是展示自己的能力，而是很好地平衡自己所处的位置和当时的环境。唯此，才能相亲相容，从而实现团队利益最大化。

在和老板相处的过程中，优秀的人才不仅可以实现自我管理，还能适时地做到向上管理。有的人畏于老板位高权重，即便知道老板管理风格不对，也不敢和老板沟通，要不就用忍受来挑战自己的承受能力，要不就执行老板的错误决定，进而给团队造成很大的损失。

西方许多企业也提出要向上管理，管好自己的老板。在他们看来，应该将老板当成"傻子"来管理，用周全的数据向他们直接展现事情处理的结果。但我们要注意，在事情有了结果的时候，要让最高领导者做出最后的选择，以免他感觉自己被架空。

和老板之间，同样也存在相生相克之说。老板无所谓好坏，只有能不能充分处理好和老板的关系之说。如果老板自身能力非常强，作为下属就应该多做一些协调性的工作。如果老板能力不太强，那作为下属应当有所作为，为领导分忧解难。

在职场中，冲突是必然会发生的。我认为很多争执，很大一部分原因在于所站位置不同，各自所负责的工作不同而已。遇到公司机构设置得当、任务分配合理的时候，合作必然会变得较为融洽。很多亲密无间的朋友可能因为工作撕破脸皮，也有人因为工作变得亲密。要意识到这些都是正常的，大多数时候都是组织机构设置的问题，不应该过于针对个人。

于团队而言，共赢是最好的结果。无论是损人不利己还是损人利己，都不是长久发展之计。于整个团队的发展而言，面对竞争和纠纷，做好自己分内之事很重要，做到不争而善胜，自胜者强。

能不能按捺住自己的心理、能否把控住自己的情绪，都是征服自己的重要方面。老子的《道德经》中提到"战胜以丧礼处之"，就很明确地提出，即便打了胜仗，也应该以丧礼的结局来对待。既表达了古人对武力取胜所含有的谨慎态度，又提醒世人应该正确看待"胜败"。

"轮岗调职"培训法

2003 年，我离开原来就职的公司，一方面原因是外部可以合作的资源开始变多，另一方面的原因还在于我认为自己在公司的成长已到达了一个瓶颈，很难再有发展。提出离职申请后，公司承诺将提升我担任北方区总监一职，而我去意已决。

公司中国区的领导对我说："不管能不能留下你，我还是希望能和你谈一次。"不得已，我还是乘机冒着生命危险飞到了上海。当时，正是非典猖獗之际，回来的路上，飞机上的人寥寥无几，接受着乘务员带着些许惊恐表情的服务。

离开公司后，我开始反省自己在这家公司走过的路。作为一个销售，我和客户一直保持着良好的关系，而且业绩也不错，甚至在离职时，我已经完成了全年的任务，并得到了全年的奖金。但事实上，我却并没有在这家公司得到很好的提升，整整3年，我一直处于被埋没的状态中，公司只给我提过两次职，其中的一次还是在我离职的时候宣布的。

曾经有朋友提醒过我："你这个人一直在外面跑，客户关系维护得很好，不过在内部关系的处理上却不是那么老道。"那时候，我还经常反驳别人："一个好的销售人员不是应该努力在外面挣钱吗？"

回过头来看，自己的确存在很多问题。几乎是在同一时期，在我们的合作伙伴中，也开始出现了问题。不同的是他们不是没有发展空间，而是业绩不好。因此，内部各个部门的成员开始互相推诿、抱怨。

面对这种情况，老板请了一个专业的培训公司到公司内部进行调研，让各个部门相互打分。调研的结果完全出乎了大家的意料。

销售部门第一时间将售后服务部推上了风口浪尖：售后服务实在是太烂了，产品出了问题竟然不给客户维修，维修的时候还不准备好配件；多次接到客户的投诉电话；有时维修时间长达两个月，新机型都生产出来了，旧手机还没有修好。

"像你们这种臭名声传到外面，让我们怎么卖？那么多客户都说我们售后网点太烂，根本不卖我们的手机！他们认为，销售业绩之所以不好，售后服务部应负主要责任。"销售人员振振有词地说着。

售后服务部听到这话，立马觉得自己非常委屈："完全是因为生产太烂了，那么多手机刚过保修期就出问题了。某个批次的手机竟然返修率超过90%，有的手机还要重修好几次！"

被售后服务部骂得狗血喷头的生产部也不甘示弱："你们也不看看研发出的产品是什么样的！"在他们看来，设计从来不考虑新产品设计出来后是否需要更换配件，他们只是单纯地追求外观好看，却从来不考虑技术是不是已经达到这些要求。而且，设计师也不会考虑买不到配件和供货不足的问题。

研发人员也开始坐不住了，他们认为自己绝对是按照规则办事的，于是开始指责起规划部："规划的人对软件工艺、产品结构都应有所了解，但你们提出的产品设计经常都是别人用过的，于是，我们就努力去找尖端的技术，结果却发现这些技术都不是很稳定。"他们认为自己之所以会出错，完全是因为规划的方向有问题。

规划人员火了，一气之下开始批评销售部："原因还在销售部那里，什么是好的销售人员啊？好的销售人员就是一块砖头也卖得出去！"他们认为，自己的数据都是来自于销售部的总结，颜色、样式都参考了销售的意见，现在卖不出去了，就应该是销售部的问题。

几次会议下来，面临的就是这样一轮又一轮的争执。这样的争论不仅毫无效果，而且士气也越来越低落。无奈之下，老板决定来个"乾坤大挪移"——所有部门进行对调，让那些指责别人最厉害的部门负责人到对方的部门去。

也是在这个时候，我才真正理解海尔当年对待毕业生的做法。1998年，为了使产品更好地打入海尔公司，我们找到了一位在海尔工作多年的研发人员。

"您在海尔工作这么多年，您看我们的产品和海尔有没有合作的可能？"

"我搞研发也就几年，谈不上什么经验。"研发工人很是谦虚。

"怎么可能？您毕业后就一直在这个公司工作，经验一定很丰富了。"早在约见他之前，我们已经打听到这个人自毕业后就一直在海尔工作，也正是鉴于他熟悉海尔的业务才找到此人。

"毕业生刚进公司时一般都不直接做研发。"他对我们解释道。原来，新的研发人员进入公司后，一般会被安排去做维修。炎炎夏日，他们就被派出去，一家家地负责维修空调，有时楼层高一些，还要在腰间绑着绳子冒险工作。对维修熟悉一点后，新员工又被派去做安装，因为在维修时见识过由于安装不当而导致的问题，所以，这些新员工在安装空调时也比往常更为谨慎。

在安装空调的过程中，他们发现有些问题并非安装工人可以控制的，而是由于某些配件或者部件在生产时就已经埋下了故障的隐患。等某一天，这些人终于有机会参与生产了，他们才发现，产品在设计上就存在问题，有些看似能够保证功能优良的设计却是安装不便、维修难度高的方案。

经历过重重磨炼，这些研发人员才终于理解到供货零件容易配备、生产简单、安装简单、维修便利的产品是多么的重要。

与海尔的做法有异曲同工之妙的是"轮岗调职"培训法。让员工了解每个工种的特点，这样在工作时，就不会出现上一流程不管下一流程的现象了。以财务人员为例，他们可能对财务很熟悉，但跟其他部门只有业务来往，因此，他们是站在自己的立场上说话办事，这样也就很难做好工作了。

通过有效的调职训练，大部分人看待问题时都变得更加全面和综合，在考虑自身问题时也开始兼顾到旁人。一旦别人出现问题，他们的态度不再仅仅是怀疑、斥责、埋怨，而是宽容和理解。

"轮岗调职"也通常被跨国公司作为培养国际人才的一个常用方法。事实上，经常往返于不同国家的人的确更需要了解不同的文化。可以看到的是，中国的企业在培养人才方面花了很多的学费，却往往收效甚微，尤其是在跨国并购上，经常都是"鲜血淋漓"。

再次和 TCL 的总裁联系是在 2005 年，虽说已有些年头没见了，但见面时还是无比亲切，用他的话说是："我们虽然相处的时间很短暂，但也是共同经历磨炼的朋友！"那天晚上，我们相约在深圳的兰桂坊见面。

当时，TCL 并购了几家大公司。在饭桌上，我们一边喝酒一边谈起各自的现状。

"刘总，说说你的现状吧，并购后的公司都运营得挺好的吧？"

"先不说这个，单说我们晚上这顿饭，至少也得花掉几十万元吧。"刘总非常平静地说。

"不会吧？就今天这顿饭，这家餐馆？"我非常吃惊，赶忙环顾了一下餐馆，"最多也就几千元钱，没有几十万吧！"

看到我一脸惊讶的表情，刘总赶忙安慰："哈哈，我说的是这顿饭的工夫。现在的情形是，先不谈发展，'血'都要止不住了。"原来，TCL不得不动用大量的资金和人力来发展并购后的企业。

"血都止不住"的公司比比皆是，因为文化的不同，许多跨国公司之间的并购都以失败告终，这中间诸多文化差异让沟通变得障碍重重。与此不同的是，外国企业在收购中国企业时却总能技高一筹。

我认为与其文化的包容性是有很大关系的，他们分布于各个国家的工作人员就是很好的证明。比卦指出，相亲相辅的前提在于认知身边的事物，并试图理解、接受它们。如果缺少这个前提，要达到相亲相辅是很难的。

"轮岗调值"培训法就是促进员工了解身边的事，身边的人，考虑问题时不要只想到自己。当思考与行动都以全局为前提时，人与人的关系才会越来越融洽，才能让沟通更加顺畅，也在不经意间打造了人脉的无形网络。

成就自己的下属

　　我曾向摩托罗拉的章姓朋友介绍过《易经》这本书，不久之后，我再次遇到他，问起他看书的效果。

　　"我看了书，但是似懂非懂，里面晦涩难懂的字句让我晕晕乎乎的。"

　　"这样吧，你说些实际的问题，我用自己的知识，试着帮你分析一下。"

　　"你已经很了解我了，就说说我在工作中该加强哪方面的能力吧。"

　　听到朋友这样说，我也很坦白："就我感觉，你可能对人际关系关注得不多，尤其是与同事之间的关系把握得不太好。"

　　接着，我向他阐述了技能划分规律。在工作过程中，每个人除了需要具备一定的专业技能外，还要注重培养自己的社交技能、战略技能等等。

　　所谓战略技能，是指对整个行业的综合认识。经常会听到这样一种声音——我们的 CEO 根本不了解这个行业！位于不同位置的人所应该侧重培养的技能是不一样的，以基层为例，应该重点培养自己的专业技能。而对于高层来说，能够看清行业发展的方向，适时地做出重要的战略判断才是最重要的。当然，在我们还是基层员工时，也要善于培养自己的战略技能，因为人不可能永远止步不前。

　　"以你现在所处的位置，最重要的是提升自己与下属的沟通能力。有了这种能力，你的销售能力也会有所提升。"我对章姓朋友说着自己的看法。

　　"我又不是销售人员，我为什么要培养销售能力呢？"章姓朋友有些疑惑了。

"其实人人都是销售人员，你需要把自己的观点销售给你的下属、你的客户、你的上级，乃至你身边的所有人。"

"我和下属相处得很好啊！只有在他们完不成任务的时候，我才会很生气。"

"那可能只是你的感觉。与下属的关系也一样需要经营。"

接着，我帮他分析了一下他存在的问题。在带领团队方面，我用了"成就你的下属"这样一个短语。中国很多领导容易有这样一个意识——认为领导就应该是严肃、威严的，其实这是一种误区。

曾子曾说过："用师者王，用友者霸，用徒者亡。"其意思是，尊称贤能之人为老师，能够成就大业；对下属应该像兄弟朋友一样，真诚以待、同甘共苦、患难与共，这样可以成为一方霸主；如果专用言听计从、顺人喜好的人，就必然会失败。

其实，领导者应该谦虚好学、礼贤下士，勇于承认自己的错误、了解自己的不足、看到个体的差异。当我们不断强化自己的权威时，下属就很容易因为你的威严而变得敢怒不敢言。

充分听取意见后做出的决定肯定会优于个人仓促做出的决定。好的老板应该是相信团队的力量，善于倾听，并能够挖掘团队力量的人。如果独断专行，即便决策的99%都是正确的，只有1%的错误也有可能断送一个公司的前途。那些敢于将下属当作朋友的人，善于听取别人意见的人，敢于启用比自己有能力的人，通常都会在事业上大有作为。

华为"教父"任正非曾说过："让一线呼唤炮火，让听得见炮声的人呼唤炮火。"指的是好的领导应该学会放手。越大的公司，传递到最高层的信息被过滤的次数就越多。这种情况下，如果能够充分重视一线人员反馈的情况，并在做出决策时给予一定的支持，公司的整体实力也会更强。

另一个体会是要给予下属冒险的机会。我也见过一些人带团队的时候犹如带军队，却忽略了多样性的发展。越多样的团队，整体的思维方式就越开放。

2007 年，我有机会访问微软在西雅图的总部，我发现他们整个公司非常有活力。通过和他们的老板沟通，我了解到这个公司有一个不成文的规定——公司在招收员工时，他们通常会告诉应聘者："不要丧失你原有的个性，最好是在相当长时间内沿用原有的思维方式、按照原来公司的做法工作，我之所以聘用你，是因为你能为我们带来新鲜血液。"在他们看来，严格地用一种套路去要求员工是在磨灭员工的价值。

我们不难发现，周围的很多公司声称自己要引进新鲜血液，可一旦这些新鲜血液提出异议时，他们又开始打压其发展，根本没有给新人提供表现的机会。

在成就下属的时候，留下八分给下属做是非常重要的。历史上也不乏这样的例子，以《三国演义》为例，其中"蜀中无大将，廖化作先锋"的说法广为人知，现在多用来比喻团队里面没有出众的人才，即便是担负重任的人也是平庸之才。反思"无大将"之因，最根本的原因在于诸葛亮太强，凡事筹划得太过细致，而且料事如神，总能在必要时想出妙计。

长此以往，将士们的依赖性越来越强，创造性则消失殆尽。相比较而言，曹操在培养下属方面更为高明。尽管曹操是一个刚愎自用的人，但从他经常说"先生教我"中，可以看出他在使用将才方面却很谦虚。

有人说，像英雄一样的老板总是培养一堆饭桶，而一些看似平庸的领导却培养了许多精兵强将，或许也正是这个道理。老子在《道德经·德经》中提到"不言之教，无为之益，天下希及之"，就很明确地提出了施无为之政所获得的功效最大，行不言之教所获得的收益最多，天下万物是没有什么能够比得上的。

那种经常询问员工"怎么办"，即便员工犯错误也报以宽容之心的老板是值得赞赏的。相反，那种经常自我标榜，动不动就摆出架子，处处以权威示人的老板在管理上却是相对低级的。

职场智慧：打造无形关系网的 4 个规则

比卦是《易经》六十四卦之第八卦，位于师卦之后。下卦坤为地，上卦坎为水，卦象为地上有水，指水得地而蓄，地得水而柔，水与地亲密无间。人们一般认为比卦象征亲密、自然、吉祥，是一个充满了喜悦与欢乐的卦。

比卦是一个强调诚信团结的卦，反映的是武王登基后，群臣辅佐治理天下的历史。武王与各诸侯相亲相辅，还有姜子牙、周公等一班贤人辅佐，所以使四海归顺。其实，比卦讲的也是人与人之间的相处之道，在职场中我们调节好人际关系，工作起来也会更加便利，当我们遇到苦难时，才会有人愿意伸出援助之手。所以很多人认为职场中的情商此智商更重要。在职场中，运用情商打造自己的人际网络应注意以下 4 个规则：

1. 强强联手的时候，适当地返璞归真、以柔克刚，能够达到双赢的效果。

2. 有时一位只会冲锋陷阵、以身作则的猛士，未必是一位优秀的管理者，其实运筹帷幄才是最佳境界。

3. 升职后，应尽快适应职位变化，及时调整工作方法。

4. 作为领导者，要学会适度放权，适当的"傻子管理"对老板来说至关重要。

反思：

如何做长于沟通的职场高手?

如何理解管理层在发展过程中的"舍近求远"?

如何把控自己与领导的关系?

第 六 章

调整心态，培养职场第六感

　　人生不如意的事十之八九。身处逆境中，常常感到无助，所以我们很容易泄气。实际上，老天是公平的，有走窄道的时候，就有走宽路的机会。冥冥中，似乎总有一种感觉指引我们找到出路。所谓"人弃天不弃"，阳光普照大地，大地生养万物，连飞鸟走兽造物主都给一口吃的，何况人是万物中的精灵。只要坚持，就一定能找到属于自己的路。

珍惜顺境，常想一二

2004 年，马鞍山太极拳交流大会顺利召开。这次大会是一个世界级的会议，来自世界各地的太极拳高手纷纷聚集于此，尽展身手。各种套路的太极拳都得到了充分的展示。

当时，我刚开始接触太极拳，对太极的一切活动都上了"瘾"，甚至到了痴迷的程度，自然不会错过这个好时机。在现场，我抓住机会拜访了各个门派的前辈，这其中包括人称"活着的霍元甲"的蔡龙云前辈。尽管年近八十，蔡老的精神却非常好。

和这些名家交流能使我获得一股奋发的力量，这种力量进一步激发了我对太极拳的热爱。会后，我跟着陈龙骧老师来到了马鞍山的采石矶。采石矶始建于东汉年间，是我国早期的佛教圣地之一。

作为我国著名的长江三矶之首，采石矶扼守长江天险，绝壁临江，水湍石奇，景色醉人，让我们一行人玩得不亦乐乎。在休息时，我们还不忘打拳推手一番，请陈老师给我们指导。

当时，陈老师发现我们同行中有个师兄一直闷闷不乐，便问他是否有什么心事。因为人多，师兄并没有细说何事，只是随口说了句："最近家里出了点琐碎的事情，心情不太好。"陈老师听到此，便笑了笑说："人生当常想一二。"

那时，我并不知道陈老师说这句话的用意，后来才得知这句话的来源：民国元老、著名书法家于右任饱经沧桑沉浮，却淡泊一生。常有友人问及他高寿的养生之道，他总是指指客厅墙上高悬的那幅字画，笑而不言。那是一幅写意的莲花图，旁边是一副对联，上联：不思八九；下联：

常想一二；横批：如意。

常言道："人生不如意事常十之八九。"倘若患得患失，就只会被悲观填满心智，人生的路途注定会布满荆棘。常想一二，就是用心感恩，珍惜生命中那如意的一两件事，最终以豁达胸襟包容并化解那些苦难。

台湾作家林清玄也曾写过一个关于"常想一二"的故事：

一位朋友请林清玄题字，但他觉得自己写的字不好看，而且多年不练书法，所以推脱说不写了。但那位朋友却说挂林清玄的字是自己的荣幸，因此，林清玄思索后写下了四个字：常想一二。

朋友很不解这四个字的意思，问他是什么意思。林清玄解释道："我们生命里面不如意的事占了绝大部分，因此，活着本就痛苦，何必纠结在那些不顺心的事情上呢。多想想那些快乐的事情，我们的人生也就会快乐很多。这样就会珍惜那些一二成的如意，而不是被八九成的不如意所打倒了。"那位朋友领悟了这句话的深意，满意地离开了。

了解了以上的内容，我才真正明白陈老师的良苦用心。做好一件事情可能是很简单的事情，而要完整地完成一个项目，通常会经历很多的流程。以销售为例，先要了解这个项目，再让客户认可它，还要让身边每一个可能对这个项目产生影响的人来支持它，并得到决策者的肯定，从而可以生产样品。

如此漫长的流程，经常会在执行过程中发生一些小插曲，以我十几年的从业经验来看，几乎没有一帆风顺的项目。要完全不出差错是不可能的，只能说经验多的人因其有一定的预见性，所以会少犯些错误。

《增广贤文》有言，"休别有鱼处"，意思是不要轻易离开有鱼的地方。也是在告诫人们，遇到一路顺利的时候应当珍惜时机，人生不是时时刻刻都这么顺利的，更不要忘记走过的弯路。

另一方面，当取得一些成就的时候，我们应该心含感激、谦卑。《菜根谭》中"盖世奇功，当不得一个矜字；弥天大错，抵不过一个悔字"正是对我们的提醒。成就自己的不仅仅是自己的努力，更多的是朋友、领导、下属及亲人。

人的本性中有狂妄的一面，回过头看看当年叱咤风云的人物，有多少人丢了乌纱帽，有多少身处牢狱。曾经的电信巨人北方电信倒闭了，手机中的"战斗机"消失了，轰轰烈烈的企业如今早已负债累累。

清代孔尚任的《桃花扇》中，有一段《离亭宴带歇指煞》，老艺人苏昆生放声悲歌，尽情抒怀："俺曾见，金陵玉树莺声晓，秦淮水榭花开早，谁知道容易冰消！眼看他起朱楼，眼看他宴宾客，眼看他楼塌了。这青苔碧瓦堆，俺曾睡过风流觉，把五十年兴亡看饱。那乌衣巷，不姓王；莫愁湖，鬼夜哭；凤凰台，栖枭鸟！残山梦最真，旧境丢难掉。不信这舆图换稿，诌一套'哀江南'，放悲声唱到老。"听来无尽哀怨忧愁，也足见世事变幻。

除了珍惜，心怀感恩、谦卑之外，看淡生活中的苦难也是调整心态的方法。看看群山大海，我们每个人都应当知道自己的渺小；面对古人的智慧，便能知道自己的卑微。要看到，狂妄、自傲无非是在告诉别人自己的无知和愚昧。

S 曲线：西方的《易经》

2009 年，我的一个欧洲朋友来中国，他当时从事国际公司并购、人力资源、融资等方面的咨询服务，他给我讲了一个非常有意思的"S 曲线"发展理论，而且告知我这一理论已经被许多西方大公司采用。

S曲线理论认为：用直线化的方式预测市场发展总是存在很大的风险。事实上，很多情形下，事物的发展遵循的都是S曲线发展规律。即必然经历产生期、发展期、繁荣期以及消亡期等阶段，而且这些阶段并非完全独立而是相互联系的。因此，通过观察曲线的变化，能够很好地反映公司业务的变化。

在他看来，欧洲的百年企业能够长久保留，而中国的企业总是遭遇"短命"危机，很大一个原因就在于大多数企业不能在其事业进入上升期的时候意识到风险的存在，不能跟踪新的市场和技术，并积极为新的变革做好充足的储备。

当一个事物进入消亡期的时候，另一个新的行业、新的技术、新的产品已经兴起，甚至进入了这个市场。也因此，事业的最大投资期通常都是在事业刚刚发达的时期。

中国的企业之所以比较痛苦，很重要的一个原因在于，他们总是在流血不止的时候想到亡羊补牢，却很难提前想到该怎样走到市场的前面。古人常说："生于忧患，死于安乐。"也正是这一道理。欧洲的许多公司也经历了许多变革，甚至整个国家都在为转型做工作。

以瑞典为例，最早的时候因为丰富的森林资源，所以其产业重点围绕着造纸业发展。慢慢地，随着资源的利用率和技术水平不断提高，他们开始意识到保护环境的重要性，于是放弃这一产业，转而投向造船业。

当造船技术也发展到一定程度的时候，他们开始观察到许多新的技术正在东方崛起，以亚洲为代表的造船业也已开始蒸蒸日上。瑞典便将造船技术卖给韩国，并将自己的产业转向通信类行业。当以手机为代表的通信业开始逐渐衰落的时候，他们又开始转向服务等新兴产业。

实际上，瑞典产业调整的步伐从未停止过，其中包括服务业等其他行业都是他们的目标所在。不难发现，在产业的技术储备和酝酿方面，他们通常会耗费几十年甚至上百年的时间。而且，北欧的企业不断在环保、节水、净化等进行智能技术创新。这种发展意识使得他们研发了更多的新技术。

听完朋友的讲述，我发现其中的道理与《易经》的很多道理不谋而合。于是，我便向他介绍了《易经》在这个方面的理论。抛开 S 曲线的内容看其形式，我们发现与《易经》的爻有着许多一致的地方：每一个爻也都有变化期，不仅为下一爻的发展酝酿了基础和前提，也将下一爻可能发生的危险提前告知人们。

这个朋友推荐的一本书中提到："在 S 型曲线中，人们总是很难找到事物发展的拐点，在什么时候会遭遇到最大的风险。本书作者曾做过研究，在过去的 18 年中，208 家公司中只有 3 家公司维持着成功的现状，超过 52% 的公司甚至连 2 年的时间都保持不了。

"在 20 世纪，这种情况更为加剧。在 20 世纪 90 年代初期，位于美国一个 500 强企业财富排行榜单上的 90 家单位平均能在上面保留 65 年的记录，但到了 90 年代末期，一个企业在该排行榜上只能保持 10 年左右的时间。"

事实上，事物变化的规律总是大致相似的，只是随着科技的进步、社会的发展，其变化的周期正在变短，速度越来越快。

以乾卦为例，从"潜龙勿用"（初九）直到"亢龙有悔"（上九），是一个发展的过程，而且下一个爻的起始总是和上一爻的终结存在着交叉关系。每一爻都不是孤立的，从下往上，一步一步发展。无论是西方的 S 曲线，还是《易经》中爻的变化，都是告诉我们事与事，人与人之间都是有联系的，做任何事都要有变化的意识，人无远虑，必有近忧。

停止抱怨，逆境也是幸福

1999 年，公司派来了一个叫凯文的香港人来担任中国北方区总经理。考虑到他在工作和生活起居方面的不便，公司在西单为他租了一套商业公寓，并请了一位年近 50 岁的阿姨来照顾他的生活。每天，这个阿姨都非常勤快地帮他整理房间，但她有一个爱抱怨的习惯。

凯文一向出手大方，对于小事情很少计较，还经常把一些半新的家具送给她。可是这位阿姨还是经常抱怨："你看，你们香港人多有钱，都住这么好的房子，我们就不能住大房子……" 有时凯文在家休息，也总要听这个阿姨的唠叨和抱怨。

有一次，凯文终于受不了了，他对阿姨说："你看，现在连我们都来内地做事情了，就是因为内地的环境特别好。这么好的环境，你却不努力工作，总是在这里抱怨生活是没有用的。一直抱怨下去，生活也还是如此。如果你选择辛勤工作，选择省吃俭用，或者把精力放在培养下一代上面，只要你坚持，若干年后，肯定会发展得很好。"

的确，在大好的环境中，抱怨境遇不能起到任何作用，如何抓住机遇让自己在这个过程中得到发展才是最重要的。在许多跨国公司在管理方面都有自己的一套方法，这些公司能给员工提供许多锻炼的机会，但这并不意味着每个人都适得其位，有可能只是做着犹如螺丝钉一般的小职员，或者所获得的平台并非最适合自己发挥的平台。

这个时候，不应该抱怨，而要积极改变自己。一方面，积极修炼自己；另一方面，多观察周边的大环境，了解企业文化、管理之道、做事方式，等等。只要用心，都能找到值得学习的地方。

有这样一个故事：

一个池塘生活着以一群鳄鱼为主要生物的生态群，很长一段时间都维持着相安无事的状态。后来有一天，环境恶化了，一些小的生物死了，水也开始慢慢干涸，生存空间开始变小，鳄鱼可以找到的食物越来越少。于是，一场厮杀开始了，好多鳄鱼靠咬死同伴求生存。直到没有同伴可以吃了，老鳄鱼还是每天待在池塘，等待奇迹的发生。

这其中有少数几只小鳄鱼因为无力竞争，只好爬出了这片池塘。后来那个池塘彻底干涸了，竞争到最后的那只鳄鱼也渴死了，而那几只爬出了池塘的小鳄鱼则找到了另一片更大的沼泽地，顽强地生存下来，继续迎接更为恶劣的大自然和人类的挑战。

这个故事告诉我们，面对恶劣的环境不要自怨自艾，走出去，寻求更为广阔的天空，也许生机就在不远的地方。

在美国时，我认识的人很少。在朋友的建议下，我开始参加教会活动，学习《圣经》，听他们分享的故事，其中有一个故事给我留下了非常深刻的印象。

有个人在梦中，梦见自己与上帝一起在沙滩上散步。他看到了自己生活过的每个场景。在那些场景中都有两组脚印——一组属于他，一组属于上帝。当最后一个场景出现的时候，他发现只有一组脚印，那双属于上帝的脚印不见了，而且这些刚好发生在他人生最低潮的时候。

于是，他去问上帝："你曾说只要我跟随你，你会陪着我一路走下去，但在我人生最糟糕的时候，却只有一组脚印。为什么在我最需要你的时候，你却离开了我？"

上帝对他说："孩子，我爱你！而且永远不会离开你，在你经受考验的时候，没有看到我的脚印，那是因为我在背后支持着你。"

身处逆境中，人很容易泄气，认为自己很无助，但通过我们的努力，总能找到走出去的道路和方式。其实，逆境对我们来说不一定是件坏事，把它当作对自己的考验。当你走出逆境时，回头想想那也是一笔财富。

防止成为"倒霉鬼"

2003 年至 2004 年间，公司在做一些手机设计及销售的业务。由于公司发展很快，人员的需求也比较大。半年的时间内，从最初的几个人扩大到了一百多人。

当时，我参与了一些招聘员工的工作，每天都在一堆堆的简历中网罗合适的人才。其中一个人的简历吸引了我的眼球，让我觉得挺有意思：这个人的每份工作时长都在半年到一年之间，但其工作的公司有三菱、西门子等很多国际知名企业，而且薪酬待遇也很不错。

面试前，我和同事都隐隐有些担忧，如此跳槽频繁的人在稳定性方面有些欠缺，但我们还是给了这个人面试的机会。面试时，我特意问他："你为什么在短时间内换了很多工作？"他说："加入三菱手机事业部后，没想到这个事业部半年后就被撤销了，我只好再出去找工作。接着又找到 NEC 公司，结果一年后这个公司的手机事业部也被撤销了，我又只好再找工作。后面找了几家公司，也大多都是这种情况。"

从交流的情况来看，这个人的综合素质及其业务水平还是很好的。从他的经历来看，他当时所处行业的大环境情况一般，大部分公司的手机事业部都难逃流产命运。他自己的境遇也受其影响，所处的位置及其所做业务没有突出特色，遭遇这种事情也在情理之中。

"你怎么那么倒霉啊？"同事好奇地问道。

"我也没有办法啊，谁叫我赶上了呢。公司要倒闭、部门要关门，能怨我吗？"

最后，我们还是没有聘用他，尽管从面试情况看来，这个人的专业技能相对成熟，但他工作的时间很短，所以在管理整个项目时还缺乏经验，更没有独立完成项目的经历。

回想起这个"倒霉蛋"，我们的确也觉得他很可怜，认为他的运气实在太"背"了。他走后，我还在想到底是怎么回事。其实，这样的结果和运气没有什么关系。虽然他的确有些身不由己的原因，但不可否认的是，他在换工作时存在着很大的盲目性。他在意识到公司存在危机的时候，并没有采取积极的应对措施。

"穷则变，变则通"的理念是正确的，但要避免为了脱离一个困境就匆忙地离开原有的环境，甚至不小心跳入了另一个火坑。在转换工作的过程中，他并没有好好静下心来思考自己周遭的环境，从而做出的判断也存在误差。

那么，人们在职场中遇到困境时到底应该怎么办呢？

首先，应该意识到变化是正常且不可避免的，重点在于把握当时的情况，对其有一定的了解和认识。其次，在跳槽的过程中，要注意掌握许多细节，如跳槽的时机——等到公司关门再开始找工作是极度错误的。最后，跳槽时要与同行业的朋友保持沟通，有时朋友的推荐也是个不错的选择。

在行业内，综合素质较高的人通常会被猎头公司选中，从而提供很多看似很好的工作。因此，很多人便稀里糊涂地把简历扔给对方。实际上，与猎头公司交往也有一定的技巧，最重要的是明白他们拿自己的简历去干什么。了解对方的需求，才能避免写出"精彩"却毫无价值的简历。

虽然，猎头对供需双方都负有责任，但他们工作的目的还是为了最大化地追求自身利益，也正是这种极强的目的性会让你很容易成为"殉葬品"。当你应聘成功时，他们就会得到利益。在这个过程中，不了解事实的应聘者很容易受骗。

与猎头接触的时候，积极主动了解信息是非常必要的，在投完简历后，应聘者应该努力把握以下信息：公司的需求在哪里、什么样的人会被推荐、自己在猎头公司所处的位置等等。并在和招聘人员交谈时突出自己的优势，才能有效地提升被录用的概率。

即便在自己事业很稳定的时候，也要与猎头公司保持联络。我们应该根据猎头公司提供的信息来准确判断市场需要，并在这种交流中加强自身和猎头的沟通，才不至于在失业的时候不知所措。

有了面试机会，如何才能避免从一个火坑跳到另一个火坑呢？所谓面试，一定要清楚自身是在进行"双向面试"，很大一部分人在面试时都很被动，只是在那里背简历，这种做法是很错误的。

有备而来对于应聘者来说非常重要，一定要在面试前准备好一些问题，并在面试的过程中透过面试官的回答来判断公司的财务状况、投资状况、项目状况等等，以免再次进入濒临倒闭的公司当中。不用害怕这样的询问会冒犯对方，本着对双方负责的态度，应聘者完全有权利询问这一类信息。

某些人认为自己能力不足或者缺乏经验，在面试官面前缺乏自信。在职场当中，我们要明白一个道理：成功把自己销售给对方才是最重要的。所以，在面试时，我们应该要有"不选择我是你的损失"的气势，并以恰当的方式为面试官精准地分析自身优势。最终达到公司与应聘者的双赢！

培养 Business Sense：职场感应

2003 年秋天，一次偶然的机会，我认识了在北京从事武术培训工作的金老师和林老师。两位老师都是太极拳爱好者，又都是南方人，人也非常好，功夫也非常棒。尤其是金老师，走南闯北，在武术方面有很高的造诣。在我学习太极拳方面，他们也花费了很多心血。逐渐地，我们在北京结识了很多喜好武术的朋友。有时候，我们会一大早就到位于奥林匹克中心附近的花园里锻炼。

在打拳之前，大家也会边活动边聊些家常，其中有一个职业司机李老师。有一天我见他在公园的小亭子里双手合十，念念有词，就很好奇地问他："您在干什么？"

他顿了顿，说："我在念《金刚经》。"

我先是一惊，然后说："我只看过一点《易经》。"

"十几年前我看过一些《易经》，"他接着问我，"你打过卦么？"

"试过，挺好玩的。但真正静下心来只打过一次，感觉《易经》的理论很有深意。"

"你打过卦，知道天地一分，后面就是一个公式的推演过程了，这个推演过程不难。这天地一分是关键，为什么那一分就定了乾坤了？"李老师继续发问。

我突然无言以对。我原来的想法是，《易经》是很高深的，多少能人都不得其门而入。我好歹也是重点大学的研究生，读了几年都搞不懂，一个司机能明白什么。可是李老师的这一番话却给了我当头一棒。回去后，我又想了几天，发现自己还是没有办法回答他的问题。

虽然人家仅仅是个司机，没有什么学历，但他说自己十几年前就研究过《易经》，也许他有什么独到的方法。两个星期后，在我们练拳的地方，我再次见到他，并很诚恳地向他请教。

林老师对我说："很多人研究《易经》，结果是把简单问题复杂化。其实大家好好想想，《易经》为什么强调打卦的时候要静心，要诚恳？这和佛学的"戒、定、慧"是相通的。没有定就没有慧；定不下心来，安静不下来，人就没有智慧，没有感应。《易经》打卦就是澄心定性后的感应。大家研究《易经》，得出很多理论，这都没有错。但如果没有感应，就好比没有投入，就算后面的过程再好，其结果也不会好。"

他又补充说："以前常说'秀才不出门，能知天下事'，历史上很多人知识渊博，能知晓过去，推演未来，这就是他们对外界宏观世界的感应。诸葛亮隐居山林，未出山而定三分天下，这不是空穴来风，也不仅仅是推演，更是对外界的感应。"

我听了以后，觉得有一定的道理，而且非常感谢他的指导。后来，他给我介绍了几本有关《易经》和佛学的书。我很是感叹，北京卧虎藏龙，就是一个普通的司机，居然对《易经》和佛学有这么深入的研究。

经过几年的学习，我的太极拳水平也有了一些进步。偶尔到公园转转，看到有人在练武术，就驻足观望，看看别人打的是什么拳。尤其是看到有人推手，便会情不自禁地上前比画两下。一开始输得多，赢得少。渐渐地，身上的整劲开始显露。

在这些交流中，我常常虚心讨教，跟别人学了一些手法。有一次，在双秀公园见到了几年前认识的公安部的李姓朋友，我们一摸手，竟把他"扔"了出去。他大惊，因为几年前认识他的时候，我们交过手。他做公安这一行，又学习过专业的擒拿，起初我根本不是他的对手。

那一年，恰好有几次去四川出差的机会，我便趁机跟陈龙骧老师讨教几招。之前说过，陈老师是个大孝子，家里有90多岁的老母，只要有时间，他总是亲自忙前忙后。加上为了推广杨氏太极拳，陈老师也东奔西跑，时常到各地讲课。所以很多次，即便我前往四川，他也很忙，难得静下心来教我。每逢这种情形，他就让一些师兄弟陪我练习。

那年夏天去四川，他刚好要去外地参加会议，未能谋面，也仅仅是通个电话。陈老师仍放心不下，就打电话嘱咐我的师妹——他的女儿陈骊珠："有时间就帮帮他，把拳刀剑都给他看一遍。"中途，陈老师怕师妹偷懒不教我，就又打了个电话："把拳刀剑看一遍也就几十分钟的事情，有空再做些推手的练习，让他慢慢体悟推手里的技巧，这样会帮助他体悟太极拳的奥妙。"

作为陈老师的女儿、李雅轩老师的外孙女，出身于武术世家的陈骊珠自幼苦练，在10岁时就已经拿过很多冠军，不但精通太极拳，还熟于跆拳道。就在师妹教我推手的过程中，我突发奇想，不妨试试外面学的一些手法。趁她不注意，在推手中我突然揉入了其他门派的一些擒拿手法。因为她专心致志教我，没有任何防备，更没有想到我会突然使出"阴招"，差点失手，虽然没有被推出去，也趔趄了一下。

我没有想到这些招式还真有点功效，正暗自高兴，不料师妹一皱眉头，喊了声："哪里学的这些野招式！"我笑容还没收回去，她两只手在我双臂上重重点了一下。迅即，我的胳膊像是被两根绵里裹铁的重器击打了一下，痛入骨髓，直到半天后才逐渐缓解。

"我好心教你，你不学，就知道从外面学些乱七八糟的东西！"听到师妹的话，我知道她生气了。我赶忙赔不是："自己平时很少有学习的机会，看到别人推手很好，就想学习，总没有错啊。"

看我不是成心使坏，师妹跟我聊了很久："太极拳有招式，但不是靠招式取胜。不否认有手法，但不以手法论高低。太极拳练的是里面的精气神，最高境界是感应。这样歪歪斜斜的门道，通过搞些小动作，终不成大器。如果体会不到这种高深的感应，就把宝贝糟蹋了。不要到处跟人乱推乱顶，把自己的手练坏了，形成僵劲，改也改不过来。学拳一年，改拳要三年。"

至此，我才领悟了几分太极拳的精髓，也不枉两只胳膊疼了几天。我开始放弃一切手法，专心致志练习起来，也不敢到处乱学推手了。

几年下来，果然感觉身上有些感应。不但用于打拳推手，用于生活、工作，冥冥之中对环境都有若有若无的感应。跟师妹请教，她说："这就对了，你能分清什么是阴什么是阳了。那些阴的东西，不要去沾染它；阳的东西，找到了就不要放弃。"

"以前为了应酬，感觉到自己包容性很强。什么人都能应酬，什么人都能相处。但现在，发现有些人我不能接近，接近我就感觉不舒服。"我也说了自己的一点疑惑。师妹告诉我："你自己的功夫进步了，但是尚浅，好坏不一定能分那么清。不好的人和事，还是离得远一些，表面上你能接近那些不好的人，实际上这些人都会潜移默化地影响你，你只是不知道罢了，但总有一天会害了你。这些人，你不交也罢！"

回想师妹说的话，给了我极大的提醒。其实不仅是《易经》讲究感应，职场也讲究感应。甚至极其讲究逻辑的西方人，在面试销售人员的时候，也不仅仅是问专业方面的问题，还会问很多感觉上的事情。他们相信，逻辑是可以培养的，但是感觉是不好把握的。西方人喜欢把生意场上这种感应叫作 Business Sense。

《列子·黄帝篇》中一篇名为《好鸥鸟者》的文章讲述了这样一个寓言：有一个很喜欢海鸥的人，他每天清晨都会到海边与海鸥一起玩耍。

海鸥好像能感应到他的友善，成群结队地环绕在他的身边。有一天，他的父亲对他说："那些海鸥那么喜欢你，我也想见一见那些海鸥，你抓几只来给我看看吧。"于是，那人第二天照旧来到岸边，一心想捉海鸥，然而海鸥好像感觉到那人的想法似的，只在高空飞舞盘旋，却再不肯落下来了。

这个寓言告诉我们诚心才能换来友谊，背信弃义将永远失去朋友。在故事中，我们发现海鸥似乎存在着一种感应，它们能准确感应那个人的变化。其实，生活和职场处处都讲感应，那些真正成功的人，艺术上取得成就的人，哪个不是有自己独到的感觉？做事方法是可以复制的，逻辑是可以复制的，但是感应不能复制。

给心灵放个假

每次去西南，我都会到陈龙骧老师那儿，努力跟他学一些东西。陈老师是个很博学的人，擅长书法，能左右手同时写字，还能左手打正拳、右手打反拳。有些时候，他指导我练拳，但这毕竟是一个很耗体力的事情，尤其是推手，坚持5分钟我就已是筋疲力尽了。陈老师还会留出大部分时间和我交流练拳之外的事情。

有一次，我们见面，他对我说："你这次来好像拳道有了长进，但是气色不大好，有什么事吗？"我说："没有。"陈老师没有再往下问什么，只是聊了一些其他的事情。闲聊中，他对我说："练拳不光是练习技击，还要修心，不能起歪心，尤其是道家的东西，只可以拿它来修养身心、行善积德，绝对不能用来害人。"

他接着说："《红楼梦》中的王熙凤机关算尽，反误了性命。修炼太极拳也要明白这个道理。"我听完后大惊，对陈老师说："我在工作中挺谨慎的，也没有什么歪的想法，而且，常以《菜根谭》中'出污泥而不染，明技巧而不用'来提醒自己。"

"没有最好。"陈老师这样安慰我。

交谈结束后，我开始不断反思陈老师跟我说的话，并再次找到他，与他交流了一下自己的情况。我对陈老师说："也许我还是有一些心事的，这段时间公司的环境很复杂，同事之间也不太和气，总有些人不好好工作，还喜欢散布谣言、挑拨是非，我的心里很不舒服。跟几个公司合作，结果对方不守规矩，斗来斗去。我也曾想要反制这些人，但最后没有实施。"

陈老师对我说："你应该多提升自己的能力，不断强大自己。如果自己足够强大，别人是害不到你的。如果对方还是一意孤行，那只能是自取其辱。大多数人都是站在自己的立场考虑问题，每个人判断是非的能力有限，所以我们不应该凭自己的主观来判断别人的对错。即便是在领导位置上，对下属还是以理解、教育、帮助为主。"

我问他："您怎么知道我有心事？"

他接着说："别忘了相由心生。我看你气色不太好，心里可能有压力，比较操劳。"接着，陈老师给我讲了一个关于蔡邕的故事。

蔡邕是东汉末年的文学家、音乐家、书法家。蔡邕尤其擅长弹琴，对琴很有研究，关于琴的选材、制作、调音，他都有一套精辟独到的见解。如果弹奏中有一点小小的差错，也逃不过他的耳朵。据说当年逃出京城时，他舍弃了很多财物，唯独舍不下那把琴。

有一天，一位邻居请蔡邕到家里吃饭，等他到邻居家时，大家正高兴地喝着酒，其中一位客人还在弹琴助兴。蔡邕刚到门口，听见琴声就大惊道："请我吃饭却存有杀心，这是为什么呀？"于是，蔡邕撒腿就跑了。邻居等了好久都没见到蔡邕，便问仆人，仆人告诉主人说："蔡君刚走到门口，就跑回去了。"

主人追回蔡邕，问清原因，蔡邕把详细情况告知了他。除了大家都很吃惊以外，邻居更是觉得自己"冤枉"。就在这时，弹琴的人走过来说："我弹琴的时候，看见螳螂正在追一只蝉，可那只蝉却飞不起来，眼看螳螂就要捉到蝉了。我很担心那只蝉，想抓住螳螂，救下那只蝉。难道就是我对螳螂的杀心从琴声中流露出来吗？"蔡邕笑着说："就是这个道理，你的杀心已经很重了！"

故事讲完后，陈老师告诉我："面对外界的变化，人们会不由自主地采取行动。你还是应该静下心来好好练习。"

"我最近工作太忙了，没时间练习。"

"哪怕十分钟呢？"陈老师给我打了个比方，"练习就像在银行里存钱，练了十分钟就像存了一元钱，日积月累，只会越来越多，可要是不练习的话，就是在消耗自己，只会越耗越少。"

"我这两年好好挣钱，等闲下来，再好好练拳。"

陈老师笑了，顺口念起了《好了歌》："世人都晓神仙好，唯有功名忘不了！古今将相在何方？荒冢一堆草没了。世人都晓神仙好，只有金银忘不了！终朝只恨聚无多，及到多时眼闭了。若能放下，当下就应该能够放下，而不是说多少年之后，钱是永远也挣不够的。"

在这个物欲横流的社会，大家都成了金钱的奴隶，每天超负荷的工作，早已超出了我们快乐生活的初衷。适度地给心灵放个假，也许假期的时间很短，但也要让自己的心停下来歇一歇。放假就是身体放松，心灵学习。其实进修心灵不必花掉我们很多时间，每天放松一下，整理自己的思绪，慢慢地，我们也会找到看待事物最准确的感觉。

原来"黑天鹅"就在你我身边

生活中经常有人会说："不要听信那些'努力就会有结果'的话了。有些事情就算再努力也不会有结果，比如说让男人生孩子。"听到这种悲观的话，也只能当作一个玩笑，左耳听右耳出。努力不一定成功，但不努力就更难成功。人在职场，我们还是应该以一种积极的状态面对工作。在生活中，有些事确实不是我们能左右的，然而很多时候，转机就发生在偶然中。

一位欧洲朋友曾强烈推荐我看一本书，名为《黑天鹅》(Blank Swan)。当时还没有翻译成中文，朋友便从国外给我带了一本英文版的《黑天鹅》。据说，在发现澳大利亚的黑天鹅之前，人们一直认为天鹅都是白色的，直到第一只黑天鹅的出现，这个不可动摇的信念崩溃了。

黑天鹅的存在被用来指不能预测的重大事件，它在人们的意料之外，却又改变一切。纳西姆·尼古拉斯·塔勒布曾在《黑天鹅》一书中提出了黑天鹅事件的定义：天鹅事件（Black Swan Event）用来指非常难以预测且不寻常的事件，通常会引起市场连锁的负面反应，甚至颠覆所有原来的结论。

塔勒布分析"黑天鹅事件"具有三个特点：第一个特点就是意外性，也就是说这样的事情通常都在人们的预料之外，也就是在以往的资料中都不能找到它有可能发生的依据。第二个特点就是它会产生极端的社会效果。第三个特点就是，虽然它具有意外性，但人们总是喜欢找出一些理由证明它的发生是可以预测的。简而言之，这三点概括起来就是：稀有性、冲击性及事后预测性。

塔勒布在《黑天鹅》一书中有句话给人以深思："历史和社会不会爬行，它们会跳跃，它们从一个断层跃到另一个断层，之间只有很少的摇摆，而我们（以及历史学家）喜欢相信自己能够预测它的演变。"其实，生活只是少数重大事件累积的结果。

我们总是过度相信经验，殊不知一只黑天鹅的出现就足以影响我们的一切。回顾过去，人类不知道的那些事往往比知道的事更有意义。在社会发展的进程中，对历史与社会产生重大影响的，通常不是我们所预测出的那些东西。

那些少数的"黑天鹅事件"影响了我们的命运，甚至决定一个国家的命运：号称"永不沉没的梦幻客轮"泰坦尼克号，却在处女航的第4天晚上，在北大西洋撞上冰山而沉没，造成迄今为止最著名的一次海难。

美国长期资本管理公司根据手中掌握的数据建立了定量模型，并得出了新兴市场利率将降低，发达国家的利率走向相反的结论，于是他们大量买入新兴市场的债券，同时抛空了手中所有的美国国债。出乎预料的事情发生了，1998年8月，俄罗斯宣布卢布贬值，延迟三个月偿还外债，这样使得俄罗斯国债大幅贬值，并完全丧失了流动性。

从俄罗斯金融风暴到全面溃败，在短短150余天内，这家声名显赫的公司资产净值下降90%，面临破产危机。俄罗斯国债的大幅贬值就是一只令人无法预知的"黑天鹅"，它再次印证了金融市场的一些突发事件根本不可能预测。

2001年9月11日上午，恐怖分子劫持了4架飞机撞向美国纽约世贸中心与华盛顿五角大楼。在这次"黑天鹅事件"中有3000多人丧生。此后，美国经济一度处于瘫痪状态，造成的经济损失已经无法用数字来表示。

重新审视我们的生存环境，你会发现原来技术的变革和发明、重大事件的发生，很多都在我们的预料之外。选择职业、邂逅爱人、朋友的背叛、股市大涨或崩盘……有多少事是按我们的计划发生的呢？

正如塔勒布所说的黑天鹅无处不在，无数个"黑天鹅事件"汇成了我们的生活。既然生活存在那么多的不确定，我们更应用积极的心态去面对它。遇到困难时不要灰心丧气，也许转机就在我们坚持的下一秒钟。

职场元神在何处

我与陈龙骧老师结识后，认真学习了一段时间。但由于我工作太过繁忙，又加之移居海外近 2 年，所以往返多有不便。虽然恩师多有指点，自己也刻苦努力，终因时间和地域关系，只得陈龙骧老师的皮毛。

在这期间，为了探索太极拳的真谛，自己也曾经走访北京各个太极拳团体，也到山东、安徽等地请教多位名师。或许是机缘未到，真正有太极拳实战技巧的人并不多见。

2005 年，在双秀公园举行了一次推手爱好者活动，现场来了很多太极拳爱好者。我逐一认识并与他们切磋了一下，或许是由于自己的水平较之前有所提升，我轻松胜出了那些一般的太极拳爱好者，甚至对于练习了几年，并加入了很多外家拳的人，我也能应付。

唯独与一位名叫袁兴的老师切磋时，我发现他并不是一般的太极拳爱好者，几个回合下来，自己没占到一点便宜，整劲也出不来了。此人虽其貌不扬，但身上却有独特的"功力"，更因为他为人随和，又与我住得很近，便要了电话，希望能找机会多交流几次。

后来，我们又切磋了好几次太极拳。每一次与袁老师接触，他都能教给我很多我不曾见识的东西，我也逐渐认识到，袁老师对太极拳有着很深刻的领悟。袁老师是杨氏太极拳的传人，深得汪永泉先生的真传。20多年来，袁老师多次放弃经商、出国等发展良机，将主要时间与精力用于潜心研究太极拳，终有所成。

袁老师不仅在太极拳方面有很精深的造诣，对传统文化也有很深的体会。他除了在太极拳方面给了我很多建议之外，在工作和生活上也教了我很多道理。他为人真诚、豁达、有责任感，一心希望将太极拳发扬光大。在对太极拳的继承上，袁老师尤其注重理论研究，并对其颇有建树。在袁老师的理论中，我可以感悟到太极以小打大、以弱胜强的真谛，更能感受到将练功、养生、哲学统一到一起的太极哲理。

2007年，袁老师认识了一位专程从海外回来的太极拳名家魏老师。魏老师很想与袁老师切磋一下，却碍于情面而迟迟不敢"动手"。

有一次，两人再次相遇，一番寒暄后，海外来的魏老师终于对袁老师说："要不我们切磋一下吧？点到为止即可。"袁老师也很愿意与这样的高手过招，于是两人终于交了手。

一开始，双方碍于情面还只是浅尝辄止，没想到，逐渐进入状态后，魏老师竟突然扑向袁老师，感受到手上明显有股力量的袁老师一发力竟然把魏老师扔出去很远，而且这一动作几乎是在一瞬间完成的。倒在地上的魏老师起来后，两人突然"清醒"过来。魏老师问："刚刚那个动作，你是怎么发力的呢？"袁老师一脸茫然地说："我也不知道。"魏老师不信，又说："你一定要告诉我这个招数是怎么破的，这一招很奇妙啊！"可袁老师一直表示自己也不知道原因。事后袁老师告诉我，他真的非常无辜，因为他真的不知道那天自己怎么就一招胜了魏老师。

不要认为袁老师是想在武术方面有所保留才这样说。实际上，经过长时间的研究，袁老师的太极拳已经到了驾轻就熟的地步，很多时候都是一种自然的反应，如果不仔细回想，也不清楚自己用的是什么手法和招式。

我们都知道，胎儿在未离开母体之前是没有吞咽动作的，所有的营养都依靠脐带这根生命线来传输。奇怪的是，当其出生后，只要接触到母体，婴儿的吮吸动作便开始了。

不要低估这个简单的动作。因为哪怕是大人，要完成整个吞咽运动也不是一件容易的事情。将食物从口腔通过食道送到胃里，这一过程称为吞咽运动。首先是将食物团送到咽腔，并由此引起下一阶段的反射运动。接着，由于咽部各肌肉的反射性收缩，食物团被送入食道。在食物团进入咽腔时，能反射地封闭通往口腔、鼻腔的通路，以防止食物向口腔、鼻腔逆流。

另外，由于喉头向前上方提举，封住了通往气管的通道，有效地防止了食物团误入肺中。通过从咽腔向食道推进的压力和食道入口处食物团发生的蠕动，食物团被送入胃中。这些复杂的动作都要求有条不紊地开展，一旦出错，就很容易引发问题。

从未经过训练的婴儿却在脱离母体后立即能进行这项工作，不能不说是一件神奇的事情。我还曾就此请教过一些医学界的朋友，他们大多将这种现象解释为"条件反射"。

有一次，我偶然遇到一位对道学很有研究的朋友，他告诉我：人们生活中发生的许多现象并非现代科学可以解释的。道家将人的意识分为元神和识神。元神是与生俱来的，早在十月怀胎之际便已在胎儿身上存在，而识神是后天培养的。在他看来，元神对外界感应非常灵敏，且具有一定的灵性，换句话说，人人都有灵敏的元神，对周边的人及环境都有所体悟。

近代医学家张锡纯认为元神随遗传而来，处于先天状态之下，有自我主宰之能和自调之力。在幼年的时候，人的大部分行为都依赖于元神，支撑其呼吸、饮食及其他相关行为。吞咽动作正是这一系列动作中的一种。

而识神可以随着学习成长，也就是说，随着后天教育的加强，识神会随着逻辑能力的提升而变得越来越强大。

在道家看来，随着识神的成长，元神的作用变得越来越小，甚至逐渐被覆盖。很多人都有这样的体会：婴儿会紧紧地拽着大人的手，而且这一行为是发于自然的，因为婴儿不会像大人一样考虑如何发力、从何种角度握紧小手等问题。很多小孩都能感应到大人不曾感应的事物，而且能够注意到大人不曾注意的细节，比如说走过的路线、有过什么标记，以及某些特定物体的色彩，等等。

人们对于元神与识神的认识，与西方心理学家弗洛伊德讲的潜意识和意识有一些相近。弗洛伊德的心理分析理论，将人的心理活动分为意识和潜意识两大部分。人在觉醒状态下的活动为意识，意识活动可将很多资料储藏入潜意识层，而潜意识层的各种资料也可向意识层传出。在西方，医生多以催眠术控制病人的潜意识，以达到治病的目的。

人们在学习的时候，都运用意识的力量，然而，世界潜能大师博恩·崔西曾经说过："潜意识的力量比意识大3万倍。"所以，任何的潜能开发，都是依靠你的潜意识。人们认为放松时，最容易进入潜意识，而且人们一般情形下不会觉察到，只有通过催眠才能开发它。也许这正是道家强调修为的原因。

道家所提倡的修为，很重要的一个目的就是想要培养元神，并且需要通过严格控制识神的成长来实现，因为元神是喜欢安静的，属于天性，不喜欢做作、掩饰的东西。很多人做事都有一定的目的，而道家强调修为是想通过限制人的主观能动性，让人的潜意识得到释放，让深层次的元神发挥作用。修炼太极拳亦是如此，要通过放弃许多事情，让元神成长起来。

回到袁老师的事情上，我们就很容易理解了。事实上，很重要的一个原因就是元神在袁老师发出了回击力的时候起了作用。而这一动作在元神的支配下很难出现重复的动作。所以说，袁老师不清楚自己怎么打倒了魏老师。

其实，我们通常所说的感应很大程度上就是元神的作用。在生活和工作中，我也经常会发现这样的现象，我们依靠逻辑很精准地去计算和判断一些事情，却往往出错。相反，有一些人仅仅靠"感觉"，就能做出准确的判断。

回过头来想，但凡是逻辑的东西，都需要大量的信息，但自从开始输入信息时起，某些信息就已经不准确了，加之逻辑判断的过程又很漫长，需要经过十几步甚至几十步的推理才能得出结论，这其中只要稍有偏差就可能引发大的变化。

另外，有些理论可能整体是正确的，但在面对某一特定的环境下，该理论并不能完全精确地描述所有内容。因为经过模拟的东西都离实际有一定的差距，而这也很容易导致逻辑推理出现偏差。

在成长的过程中，我们总是面临很多选择，包括事业、感情、婚姻，等等。我们将那些影响重大的决定称为抉择，不同的抉择会导致完全不同的结果。在影视剧或是实际生活中，我们会看到或听到有人为做一个决定彻夜无眠。但无论多么艰难的决定，总是需要做出抉择。那么，这个抉择是怎样做出的呢？

我们通常会按逻辑规律衡量一下利益得失，然后再结合自己的感觉，做出抉择。但我们需要注意，元神是自然发生的，不可鲁莽、不可妄动、不可强求，应听其自然，而且我们的动机必须纯正，应当排除私心，不可心胸狭隘，怀有成见。只有心地光明正大，才能做出最正确的判断。

身在职场中，我们通常有一定的逻辑思维能力，但却很少发掘自己的元神。这需要我们在工作中特意开发我们的元神，在关键时刻，用我们的逻辑能力加之最原始的感觉来做出最正确的判断。正如袁老师打倒魏老师时发自元神的动作一样，我们要有意培养自己的元神，也许在工作中，它会给我们带来意想不到的惊喜。

职场智慧：对于职场心态的 4 种认识

在我们小时候，经常去上特长班，学钢琴、学画画，每个课程都要我们不断地努力才会有收获。如果我们因为学钢琴太累、学画画太辛苦而放弃，那么也就注定不会将它学好。作为成年人，我们在遇到困境时，认为外界的条件不好——枯燥的工作、苛刻的老板、很低的薪水，所以我们变得懒惰，也就谈不上什么成功了。

既然我们都是为了自己工作，为何要怀着抱怨的心情去上班？何不给自己一个阳光的心态，积极主动地去工作，把同事、老板都当作自己的客户，用真诚和认真来维护彼此的感情。那么，在调节职场心态时，我们应有以下 4 种认识：

1. 人生不如意之事十之八九，因而，人人都应该珍惜顺境，常想一二。

2. 身在职场，重要的是学会"逐水草而居"。

3. 停止对周围环境的抱怨，逆境是成长的必经过程。

4. "穷则变，变则通"，遇到凶险的环境，积极、谨慎地转换环境可得到更好的发展。

❓ 反思：

你在为谁工作？

为什么会相由心生？

如何提升自己的职场第六感？

所谓"可怜之人必有可恨之处"，职场"倒霉鬼"可恨在哪？

第七章

CHAPTER 7

人生，是另一种形式的职场

职场是人生的一部分，从某种程度上说，人生也是另一种职场。所谓"三岁看小，七岁看老"，职场也同样适用这一规律。每个人的一生，都在进行一项长长的工作，不同的是，每个人都是自己的领导和监护人，如何上下进退，全靠自己把控。

童年的职场基因

2011 年的一天，一个朋友给我打电话，谈到了他们公司最近的人员招聘问题。他说道："经过几轮面试，最终剩下两个人，但还是拿不定主意选哪个。"他又提到，这两个候选人在教育背景、年龄、能力及薪资期望等诸多方面都很接近。

"既然两个人都差不多，选哪个都一样，那就随便选一个。"我回答着朋友的话。

"我们当然还是希望能找到一个最适合公司的人。"朋友显然并不满足于这样的玩笑回答。无奈之际，我只好给他出了个主意——在下一轮面试的时候从侧面了解一下他的童年背景。

"这倒是个挺有意思的提议，但是为什么要这样做呢？难道一个人告诉你小时候他玩过家家很厉害，你就相信他的组织能力很强吗？"我们通常的面试都是围绕着教育背景以及工作经验等内容来进行的，所以朋友觉得这个逻辑有点牵强。

"你很难决定要选择哪个人，不过就是因为你担心未来有不可控的风险。我认为，这种潜意识的东西从童年开始便已经培养起来了。"我接着给朋友解释，"中国有句古话叫'三岁看小，七岁看老'，也是很有道理的，一个人性格的影子在他小的时候就能有所体现。"尽管我们一直认为后天的学习可以让一个人发生改变，但实际上，童年的烙印是非常深的。很多时候在不经意中，这些烙印就会显现出来。有时候在一些很重要的事情上，这些童年的烙印会表现得更加明显。

朋友未能完全明白我用意，但还是听了我的建议。在面试的时候，他从侧面了解了一些两个候选人的童年经历，并选择了一个他们认为更加合适的人选。再次见面的时候，朋友问起我当初为什么建议他这么做。

我便讲起自己曾经经历的一件事。那次公司扩大规模，需要招聘很多人。我参与了招聘新人的工作，并面试了许多人。其中有一个业务技能、沟通能力都非常优秀的女会计，可就在工作一年后，我们发现公司的财务出现了一些漏洞，这位女会计在操作某些业务时常常违反公司的规定。最后，我们只能与她解除了劳动合同。但是我一直非常疑惑，到底是什么原因让这个我们曾一致看好的员工出现了这样的问题。

事情过去三年之后，我和另外一个同事相遇，再次谈起那位女会计。同事的一席话，让我多少了解了那位女会计的事情，似乎也解开了我三年前的疑惑。原来，这位女会计的家境不好，家族重男轻女，她不仅从小没有得到过关爱，而且经常挨打，因此，性格上变得非常要强，从不服输。因为家庭经济状况不好，去医院看病时，遭遇了医生的许多白眼，甚至是恶语相加。这位女同事曾和其他同事说，"最受不了那种眼光"。这种种经历彻底摧毁了她对外界的安全感，让她对物质的追求开始膨胀。

事实上，一个人的童年对其职业生涯的影响很大。这位女会计就是一个很好的证明，正是童年的遭遇使她过分地追求金钱，在她的世界里，可能只有更多的金钱才能给她安全感，才能填补她空虚的心灵。那么，如何帮孩子营造一个健康、快乐的童年呢？其实，美好的童年不在于多么富贵，只要让孩子体会到快乐就足够了。

2008 年，我初到美国，由于朋友不多，生活相对比较单调。闲暇时常常回想起小时候玩乐的场景——在院子里玩泥巴、在草丛中捉蛐蛐、在田野中逮青蛙，等等。在那种相对单一、封闭的环境中，这些场景常常让我感到无比温馨。有一次，我给一个朋友打电话，说起自己经常回想童年的趣事。朋友大笑着说："你身上已经出现了衰老的标志：坐着打瞌睡，躺下睡不着；现在的事情记不住，过去的事情忘不了。"当然，这只是朋友的玩笑话而已。

还记得初中时，我读的是联合中学，也就是几个村的学生集中在一起上课的学校。学校举办运动会的时候，我发现了一个非常有趣的现象：一般每个项目的前几名都是同一个村的学生。其中有个村子在跳高和跳远项目上非常厉害，后来我才知道，原来是他们村子的条件太差，学校没有任何体育器材，上体育课组织不了什么活动，无奈之下，老师便给他们挖了个坑，坑里填满沙子，上课不是跳高就是跳远。不料几年下来，竟跳出了一些"高手"。

现在的孩子虽然在物质生活方面比之前的我们幸福了很多，却也有了更多的压力。孩子拉着拉杆箱式的书包去上学，每次看见他们都像赶飞机的大忙人。

我的孩子在上幼儿园时，学校每周会设置一些开放日，这期间家长可以到学校看自己的孩子学习。我记得有一次开放日上的是美术课，在老师的指导下，两三岁的孩子把自己的作品都一一摆在桌子上。这时候，大多数家长第一反应都是紧紧盯着自己孩子的画，并带着一丝欢喜，接着便开始用眼睛瞟其他孩子的画，一旦发现自己的孩子比别的孩子画得好时，就表现出欢喜，如果不如别人，则是一种羡慕别家孩子的眼神。

这时候，幼儿园老师发话了："大家看到了，孩子们画的差异非常大，有的孩子画得非常好，不仅形状正确，在构图和色彩运用方面也很好，而有的孩子画得稍差一点。但家长不用担心孩子的差异性，每个孩子都有一定的心理成长期，不同期间，大脑发育、身体协调性都会有不同的表现，可能有的早几个月，有的晚几个月。孩子现在很小，等过了涂鸦期，当其意识得到成长之后，其身体和大脑的协调性达到一定程度时，他们会先后发展到符号期，就能自然而然地画出符合一定规则的画。在这个时候再进行专业的训练则能起到很好的效果。"最后，老师还不忘向家长再次强调——千万不要过度开发，非要让处于涂鸦期的孩子画出一个像样的符号，这样做不仅开发不好孩子的潜能，还会让他们形成逆反心理，对绘画产生反感情绪。

孩子的成长有涂鸦期，实际上，每个人的成长也一样分为不同的时期。时机未到却强求，就犹如拔苗助长。可以想见的是，因为自身积累有限，即便很努力也未必能有非常好的效果。乾卦开篇讲"潜龙勿用"，正是告诫人们要善于隐忍、等待，不要急功近利，否则很容易事倍功半，甚至无功而返。

看清圈子，找到"大人"

回想起自己的大学时光，若要用一个词来归纳，我想"书生意气"可能是我们这代人最突出的特点。很多同龄人小学没有毕业就辍学了；能上初中的人还不到班里的50%；初中毕业考上重点中学的人更是10个里面找不到1个；高中考大学时，很多高中的升学率还不到10%。想到自己是千军万马过独木桥才进的重点大学，那种年少轻狂、自以为是的豪迈之气总是油然而生。

那时的每个夜晚，当寝室的灯熄灭后，我们的话题便开始了，来自天南地北的6个人分享着自己家乡的趣闻轶事，还带着各地的口音讨论着国际问题、国家政策。好不容易等到学校发奖学金的时候，便怂恿得奖学金的同学一起去喝酒，等到大家都晕晕乎乎的时候，更是得意忘形。我们就这样放肆地挥霍着属于自己的青春。每到春节回到家乡，还不忘和老同学谈论一番各自学校的情况，为各自未来的安排谋划几番。那时我们还未找到自己未来的圈子，可并不影响我们高谈阔论。

人的成长，实际上就是自己不断与不同的人发生交集的过程。随着时光的流逝，有些人或漫长或短暂，或深或浅地出现在我们的生活中，但总有一些人会留下深深的烙印，甚至有些人会在关键时刻改变我们的命运。

找到学业恩师

我遇到过很多重要的人，我的大学老师曹老师就是其中的一位。从某种程度而言，我一直认为是他为我架起了一座从学校通往社会的桥梁。曹老师是陕西人，祖籍河南，刚过 40 岁便已是学校的副教授，并在系里担任重要职务。他教我们固体物理，无论在理论还是实践方面，曹老师都很有经验，而且还研究了很多课题。

初入学校，我对于课外该学习什么感到非常迷茫，也不知道自己所学专业在社会上能得到怎样的发展，更不知道怎样才能更好地学习专业知识，曹老师就经常劝慰我先打好基础，还经常告诉我，那些毕业的学生都在做什么。除了必要的指点，曹老师还让我进入他的实验室，参观他那些"稀奇古怪"的仪器。在这个过程中，我对物理，尤其是物理实验产生了深厚的兴趣。

看出了我对此很感兴趣后，曹老师告诉我不要着急，要先学好理论知识。大二的时候，学校开设了更多的实验类课程，我也有了更多的机会到他的实验室进行实践。曹老师发现我在做实验时很认真，便让我担任他的助理。在这个过程中，他给我分享了一些自己在给企业做实验时遇到的问题和解决方法。曹老师还从有限的经费中拿出一些钱补贴给我，这也让我的大学生活质量得到了很大的提高。

有一次我们一起做实验，发现了一个能有效避免由于电压的意外波动而损坏电子设备的过电压保护装置。这个装置以我们两个人的名义申请了国家专利，其中还有两家公司希望购买这项专利，但由于专利申请完毕时，我已升入大学四年级，天天忙于找工作耽误了这事。

临近毕业，曹老师非常关注我的去向，一方面为我争取留校的机会，希望我能继续在相关领域工作，另一方面则希望我能成为他的研究生。但那时的我急于想到社会上证明自己，所以婉言谢绝了曹老师的好意，并告诉他，我很想到北京发展，只是苦于不认识什么人。

知道我的这一想法后，曹老师又给了我他学生的联系方式。之后发生的事情已经在前面交代过，此处便不再赘述。每当想起自己的大学时光，我都对曹老师都充满了感激，他教会了我很多做科研的理念和实用技巧。现在回想起来，曹老师让我在学生时代找到了自己热爱的专业，找到了自己从业的圈子，更找到了为之奋斗的目标。

觅得从业伙伴

真正走入社会，尤其是在外企工作后，还有一个人给了我非常多的帮助，他的英文名字叫Tonny。Tonny是马来西亚人，又高又瘦，有着大大的手掌，眼睛不大却总是非常有神，与人说话时，永远都用犀利的目光看着对方，讲得一口流利的马来西亚式英文，又精通闽南语。

那时，Tonny是亿恒科技亚太区副总裁，我在公司还只是一个普通员工。有一天，他来北京，负责接待他的北京公司经理恰好有事不在，公司便临时安排我去接他。在路上，我向他请教了一些行业发展方面的问题，并且为他的回答深感钦佩。或许是因为我为他忙前忙后地打点、安排，或许是因为特意安排了符合他口味的午餐，抑或是因为我的努力与上进，最终打动了他。临走前，他给了我一个公司用来送给客户的礼品——印着公司 Logo 的黑色护照夹。

在此之前，如果收到这类礼品，我通常都会用来转送客户，但是这个护照夹我没舍得送人。它跟随了我 15 年仍旧完好如初，每次外出乘坐飞机，我就会将登机牌和积分卡等相关证件放到这个夹子里。虽然现在 Tonny 退休了，很少来中国，我们联系得也少了，但每次出差整理行李时，我都能想起他。

在认识 Tonny 后，每当在工作中遇到问题时，我都会发一些简短的信息给他，他便会站在一个长者的角度给我一些很中肯的建议。2000 年，公司发生变故，我也想离开公司，他特意从新加坡飞来中国，希望我能留下，并表示会给我一些机会，在得知我当时已经承诺别人，并且想到其他公司发展之后，他以一种豁达的态度接受了这个现实。他还善意提醒我，即便要走，也要把公司的事情处理漂亮，"要做到漂漂亮亮来，漂漂亮亮走"，在工作中，很多人都不能善始善终，但实际上一个好的结束比开始更为重要。

这一点也成为我之后的工作习惯，无论是哪次变换工作，我都会将所有的名片整理一份并复印，同时将手上所有的项目列出一个清单留给后面的人。此外，还会向客户说明情况，并告知接手人的联系方式。我会对客户承诺，如果有问题，我可以帮忙联系接替我的人。

离开了这家公司后，我和 Tonny 的关系也一直很好。每次变换工作，我都会咨询他的建议，古语说"欲知山中路，需问过来人"。事实上，这些建议对我的帮助很大。

有一次，我的上司离职后，想让我也跟他一起去新公司。我把这个情况告诉了 Tonny，Tonny 让我详细描述了这位上司的做事方法。他听完后，说："我建议你不要走，从你的描述中，我认为你的上司心理并不成熟，在实际做事的修为上还处于较低的层次。如果你选择跟随他，未必有所长进，但最终还要你自己做决定。"最终，我听取了 Tonny 的建议，并在不久之后证明了 Tonny 的建议是正确的，那位上司并未在新公司有所作为。

《易经》的乾卦中讲道，"见龙在田，利见大人"，就是指在能力不足的时候，若能有机缘见到一些有一定社会经验和社会基础的人，就能为我们指点迷津，并在一定程度上改变我们的命运。但这里所谓"大人"，并非特指有权有势的人，而是指阅历和认知有一定的积累，而且在品德、操守方面正直的人。

不仅在职场，在人生的许多领域，如果我们能够遇到一些有修为的人，找到我们人生的导师，就能够少走很多弯路。但是这种人本就不多，我们能够遇到的机会也就更小了。因此，我们应该把握并珍惜向这些人请教的机会。

与此相对，我的身边有很多的朋友和下属，似乎并没有努力寻找人生的导师。事实上，西方更重视这种导师教育，他们将这种模式叫作 Mentor Program（导师计划），让一些有经验的人手把手地带新人。但现在这种中层越来越少，于是越来越多的新人很容易迷失方向。他们很容易向旁边的人寻求帮助，而且会得到各种各样的建议。实际上，他们肯去听是一个很好的开始，但也要清楚自己是否问对了人。

很多人都会产生错觉，认为自己已有的圈子很好，并且极力去维护这个圈子，却没有发现圈子中存在的问题。纵观我们周围，我们不难发现很多人按照别人的建议去做，结果却是错的。因此，我们要意识到只是少数的人足以成为领导，而能给出适当建议的人更是少之又少。问别人建议就好比求医问药，是药三分毒，如果对方给的建议不合适，这一服药下去，结果可想而知。

据《论语》中记载，孔子曰："益者三友，损者三友。友直，友谅，友多闻，益矣。友便辟，友善柔，友便佞，损矣。"就是提醒人们要多交正直、诚实以及有学问的朋友。人们常说"不以成败论英雄"，但在我看来，我们可以去同情那些不成功的人，但应该尽量避免沉浸在他们的失败中，整天抱怨、发牢骚，从而使自己的圈子越来越小，目光越来越集中在悲观的事物中。

解读成功的奥秘

从 2001 年开始，由于业务的缘故，我去南方出差的机会越来越多，尤其是深圳。这个城市给我留下了非常深刻的印象。那时候，在和许多企业合作的过程中，我发现对方公司的高层都非常年轻，比我这个 30 岁出头儿便担任公司副总裁的人还要年轻许多，甚至有些人才 20 多岁。而且这些公司规模都比较大，有着好几千工人，年营业额高达几十亿元。

我当时非常不能理解，特别好奇这样一个企业是怎样发展起来的，于是在吃饭或休闲时，我便有意无意地与他们聊起一些往事。通过与他们交流，我越来越感到吃惊。

我发现他们学历并不高，有的管理者甚至中学都没有毕业。当时，我与一家做电话机的企业合作。对方的老总是一位 30 出头儿的年轻人，说话非常霸气。这位老总在中学毕业后直接进入社会，跟着他父亲跑生意。他经常给我讲起自己最早跑生意的情形。

在他父亲和别人谈生意的时候，他什么都不懂，就那样站在一边，傻乎乎地看着。就这样跟着跑了一阵子后，他父亲便让他自己单独开始跑生意——拿着对方手写的欠条跑到人家公司去要欠款。面对个个都是西装革履的大老板，他这个穿着又破又脏的球鞋、从未见过世面的毛头小子很是胆怯，进屋后连话也不敢讲，坐在椅子上不知所措，手脚放在哪里都觉得别扭，更不用说怎么维护这些客户关系了。但他经历几次单独行动后，这种陌生和恐惧就慢慢地得到了缓解。

他还给我讲起自己做喇叭生意的情形。"那阵子玩具、音响市场特别火，但我们又没有厂房，所以只好租了一栋农民的房子，整栋楼从一楼到四楼都堆满了喇叭，所有工人吃住也都在里面。"他还说，"送喇叭也有学问，为了避免遇到车匪路霸，我们还经常派出两批人送货，一个人骑摩托车在前面探路，拿着简陋的对讲机，随时给后面的人报告路面情况，只有路面'安全'的情况下，送喇叭的师傅才会让货车跟上去。如果有问题，货车掉头就走，摩托车灵巧轻便，也容易脱离危险。"

后来，他们的公司生意越来越好，慢慢地便开始了电话机业务，并逐渐地扩大了生产规模。据这位老总介绍，那时他们的订单很多，通常都是整卡车地往外拉货，但一会又发现货都被整卡车地拉回来了，原因是产品质量不过关。因此，他们只能重新找原因、重新生产。正是这种无数次地摸爬滚打，让他得以练就金刚不坏之身，乃至将公司的业务扩展到世界各地。

与这些年轻企业家接触得越多，我就越发现他们身上的共性，倒让我这个科班出身的人自惭形秽。辛辛苦苦挤进大学校门，兢兢业业地在实验室做实验，不断地增加社会实践，做任何事情也算努力，却很少有人做出大的成绩。可是，反思一下就不难发现，当我们还在学校里当天之骄子的时候，他们已经开始接受着这个社会的残酷考验，迎接各种各样的挑战。社会将他们豪放的性格锻造得天衣无缝，也让他们在面对风险的时候有更强的抗压能力。

我曾一度认为，可能只是因为这些人赶上了中国发展的特殊时期，可是后来我发现，中国历史上从来不缺乏这种典故，唐朝诗人李贺《南园》一诗广为流传："男儿何不带吴钩，收取关山五十州？请君暂上凌烟阁，若个书生万户侯？"明确地指出了书生很少成为万户侯的现实。

人在年轻的时候，如果有机会，应当出去闯闯，经历一些磨难，这实际上是好事。跌倒了无非再从原地爬起来，因为拥有的东西还很少，所以也无所谓有什么损失，正所谓"失去的只是枷锁，得到的却是整个世界"。《增广贤文》有言："三十不豪，四十不富，五十将近寻死路。"就是告诉人们，适当的时候应该有一种豪放的精神。若是在年轻时便失去闯劲的人，日后也很难成功。

与这些南方企业家有所不同的是，现实生活中，很多研究生毕业的人却总是找不到合适的工作。回过头来看，我们不难发现，这些人总喜欢站在自己的角度看问题。

2001年，我还在德州仪器公司工作的时候，老板给我们罗列了一个西方人准确描述成功的公式：成功=（教育、经验+创造性思考+人格）×努力×机遇。

老板说："从这个公式就能知道，受教育程度只在成功中占了很小的比例。这也正是很多高学历的人连工作都找不到的原因。因为除了必要的学习，成功还需要很多因素。比如机遇和确定的方向，把握住好的时机并在自己选定的领域坚持下去，这样才能有收获。如果一个博士没有任何工作经验，还不如一个工作了很多年的初中毕业生。"

老板的话可能有些偏激，但不得不说有些人确实空有一张文凭，而没有实际操作能力。而且这些人通常都自视甚高，看不上一般的工作。反而是一些没有较高学历的人，他们富有创意，并能够持之以恒地去做一件事情，而且经常思索是否有可以改进的地方。他们喜欢把自己的想法与他人分享，乐于和大家相处，并希望同伴也能获得成长。

深圳作为中国改革开放的桥头堡，我一直非常惊叹于它的发展速度，更为那里凝聚了许多充满朝气和活力的人而感到震撼。深圳虽然在高速发展中不可避免地存在一些社会问题，但是，人们能建起这座大都市，还是有许多值得我们学习的地方。

2002 年，我们与一家叫王氏的电子产品代工公司合作。当时发生的一件事让在场的我们非常震惊。那是个周四的下午，我在他们工厂的办公室测试电子模块，当时需要配套方提供一些模具，最后经过王氏公司的统一组装才能成型。

第一批产品出来的时候，所有人都很兴奋，但是一经测试，却发现还有问题，配套的外壳不能完全匹配。这时，只见送来产品的小伙子给公司打了个电话，没想到一两个小时后，对方公司的另一个员工拿着一个重新做好的样品过来了。这个速度大大出乎了我们的意料。如果在北京，通常都是在发现问题后，通知对方厂家更改模具，再重新打样，几经来回，至少要一周之后才能出结果。

可是，第二次送来的外壳还是发生了一点偏差。当时，我有点失望，认为这个项目可能会拖延很长时间。这时，送模具的小伙子问王氏公司的人，能不能借他们的电脑用一下。王氏公司的人一开始很恼火，认为对方公司三番两次地送来不符合要求的产品，已经失去了让人信任的理由，但碍于情面，还是将电脑借给了他。这时，小伙子一边给公司打电话，一遍在电脑上修改图纸，并将修改好的图纸用邮件发回公司。"3 个小时后，我们公司会有人再送来产品，应该不会有问题了。"他对大家说道。

我当时感到非常奇怪，便问道："你为什么不回公司，而是在这里用电脑修改图纸呢？"通常发生这种事情，责任不在送货的员工，而在于对方公司的研发人员。所以，我们都对小伙子的行为感到惊讶。

"我如果回公司的话，路上来回就需要 2 个多小时，而且公司生产这个产品也需要 2 个小时，根本来不及生产新产品了。"他说，自己打个电话，公司收到修改后的图纸，马上就可以开始做产品，一会儿就能将产品送过来了。

当时，他们拿来的配套壳是用来封装的，只有经过整机的联合测试之后才知道是否合格。所以，他们送来了好几类样品以供我们选择，希望测试后能挑选出其中最合适的一种。最终，我们收到了合格的产品。

据了解，当时王氏的员工按照 4 小时一班的方式排班。我们忙完后已经是晚上 11 点了。王氏的领导担心我们身体受不了，便对我们说："你们先回去吧，明天早上好好睡个懒觉，中午你们过来的时候，所有的产品就生产出来了。"

我当时觉得根本不可能，因为生产一批样品的时间还需要 4 个小时，更不用说在这么短的时间里生产全部的产品了。王氏公司领导看出了我们的疑惑，便解释道："放心吧，我们现在的排班制度能保证歇人不歇机器。每一个班次的工人我们都已经安排好了，上一班人休息的时候，下一班人就顶替上来了。"

听到这儿，我不得不感慨于他们的敬业精神。同样的事情经常性地发生在其他公司，却产生了完全不一样的结果。在欣慰于自己见识到这样的做事方式的同时，却又感到非常惭愧，甚至有些恐惧。如果遇到这样的竞争对手，我们的优势几乎为零，这些人是能在针尖上找到生存空间的人。

而在深圳，类似这样的企业还有很多，并且一直维持和贯彻着这样一种从业理念，它们很多时候的做事思维以及做事方法都有别于常人。深圳的成长如此之快，能够创造深圳奇迹、深圳模式、深圳速度，除了其天然的地理环境和合理的政策环境之外，还与聚集了一批类似这样的年轻人密不可分。他们凭借兢兢业业的做事态度、饱满的创业精神，成为中国最具特色的企业家。

《易经》的乾卦中讲道："君子终日乾乾，夕惕若，厉无咎。"就是对这个阶段很好的阐述。在这个阶段，年龄、阅历、知识都有了一定的积累，开始表现出自己的能力，引起他人关注，但也会处于危险的边缘。这时候必须时刻奋发、不懈努力、日夜警惕、勇于拼搏，才能有所成就。

职场的惑与不惑

在与许多外资公司合作时，我看到活跃在高档写字楼里的都是一些年轻、靓丽、风度翩翩的身影。后来，自己也去了外企工作才发现，事实并非完全如此，我发现年轻人在公司占的比例并不高。好像身边的美女、帅哥突然间就消失了。相反，很多大妈、大叔级别的人开始出现在我的视野中。我当时很不理解，为什么公司不多找些意气风发、敢冲敢闯、能干事业的人，反到用些上了年纪、拖家带口的中年人。

在开始带领一定规模的团队后，我才发现自己也喜欢用一些三四十岁的人。那个时候，他们年龄都比我大，我开始反问自己为什么喜欢用这些人，觉得他们身上有很多让人难以抗拒的优势：有经验、做事沉稳、不匆忙，遇事冷静、处理得当。

有一次，我和一位中年朋友聊天，问他为什么做事这么得心应手。他告诉我这些事情他已经做得非常熟了，根本不需要动用大脑来思考，只需要动一下脊神经，靠脊柱里面有限的细胞都可以把这种事情处理好。

话虽说得有些夸张，但的确能够较好地体现这个年龄段的做事特色。这些人因为见闻比较多，实践经验丰富，在很多事情的处理上都能得心应手。相比之下，有些年轻人可能做事效率很高，却容易虎头蛇尾，甚至不得不在事情做到一半的时候匆忙返工。有些事情出了结果，却可能给领导捅了娄子，在给这些人交代重大任务的时候总让人有一种不安全感。相反，上了年纪的人可能效率不是特别高，却能保质保量地完成。

我认为随着阅历的增加，很多人的做事风格也在发生变化。相对而言，因为丰富的经验、广泛的人脉资源、较强的综合能力及稳定的身体状况让这些接近四十岁的人很有实力。古人常讲"四十不惑"，是指到了这个年纪的人对事业、人生的认识都上升到一定的高度，做事也不再草率。

这个年龄段很多人都已经开始转型，并且能够顺利地完成角色转换——从一线工作人员转型为一个管理者，从一个好的"演员"转型为一个好的"导演"，不再急于寻找舞台表现自己，转而帮助下属搭建舞台，让他们在其"艺术构思"下展示才华。

甚至有些人能够直接转型为一个投资人——依靠战略性的投入来成长。这些人不再以竞争为主，而是培养下属成为领导。中国文化讲究渡人渡己，也就是说，人们在帮助别人成长的同时自己也能获得成长。

我曾经的一个东南亚老板，做事非常疯狂，而且取得了很好的业绩，大家都认为他肯定能升任亚洲区经理这个位置。但最终的结果却不是大家想的那样。很多人都不能理解，为他空有才华却没有得到重用而感到遗憾。

但在我看来，公司的这种安排是合理的。原因就在于，他处处都将自己当成一个好演员，处处都能用最好的方式"销售"自己，并将自身的才华展示得淋漓尽致。但他并不是大器之才，在实现自身角色转换上，他并没有学会怎样成就别人。这种情形下，如果还选择让他担任领导，那就是害人害己。

他将下属的信誉度都背负在自己身上，并在自己的四周挂满了荣誉和头衔。有很大一部分人，他们讲着汉语，却难以割舍内心深处那些西方的思维，他们容易得到赞扬，却也因为没有很好地理解和吸收中国渡人渡己的文化精髓而止步于此。

相对而言，我认为 40 岁左右的人能够较好地平衡家庭和事业，懂得怎样适度地做好事情。观察身边这个年龄层次的人，大部分都有小资情结。犹如在生意场和事业上已经有一定的积累，这些人大多不再需要为房、车等物质生活发愁，家里也大多有一些较为精致的摆设，言谈举止、衣着打扮也已经有了自己固定的风格，更因为手上有一定积蓄，他们完全能够玩几次出境游。即便是日常上下班之后，也已经有闲情逸致来享受较为闲适的生活。与刚接触社会的年轻人相比，他们的生活更为惬意。

我有一位很好的朋友叫吴筱华，他曾在美国工作、生活了十几年，现在在一家国内上市公司担任 CTO（首席技术官）。一天晚上，我们约好一起吃饭，因为我先到，便在饭店门口等他。等了一会儿也没有见到他。这时一辆很大的本田商务车驶过来，只见吴总从车里走了下来。

"你不是有车吗，还开公司的车干吗？"我问道。

"我怎么开公司的车啊，我自己就不能买这样的车吗？"吴总反问道。

"一般这样的商务车都是公司才有，个人很少开啊！"我小声嘀咕着。

吴总只是笑笑，并未继续这个话题。吃饭的时候，我们再度聊到了车的事情。他说："我这车还真是个人的。"说着他讲起了自己经历的一个故事。

当年，他在美国的时候，曾经在一家风险投资型公司工作，主要领导是一个美国人，年纪很大却还在奔波。那位美国领导说："我若仅仅为了生活，现在的经济基础已经足够我所有的生活开销，但是我想追求一种 Free（自由）的感觉，完全自由的感觉。"吴总问他自由和他从事风投的工作有怎样的关系，他回答道："其实我是希望自己能够做到彻底的 Money Free（金钱自由），我这一辈子不需要为钱考虑任何事情，能够在想做事情的时候就做，钱不再成为一个影响因素。"

吴总说："回过头来，我买这种商务型的车也是如此，很多中国人可能会喜欢华丽、高档的轿车。在我看来，自由的感觉胜过一切，我所开的车追求的是一种 Space Free。有了这辆车，我不再需要考虑是否能带上所有家人一起外出，不用考虑是否能够一次性装下所有在商场买的物品。"

吴总应该是这个年龄段人群的典型。他们崇尚自我并试图让它得到真正的呈现。很多年轻人也想追求自我，却没有结果，最根本的原因在于年纪不够，心态和心境以及自然条件都还有所欠缺，而年近 40 的人可以自我发展的空间更为开阔。

这个年龄阶段的人也经常会遭遇一些问题。2008 年，我在美国的邻居是一户华人家庭。这家的女主人是一个非常有才华的人，但是为了丈夫的事业和孩子的学业，她放弃了事业，选择在家做起了家庭主妇。她知道我们刚刚搬到美国后，就常常帮助我们，还送来了她自己做的好吃的，一来二去两家人开始熟悉，慢慢地交流也多了起来。他们一家人是早年留学并移民到美国的，男主人当时在一家飞机维修公司上班，拿着较高且稳定的薪水，孩子也将要成年。因此，她家没有什么经济负担。

"我爱人这两年喜欢上了户外运动，经常自己一个人开着车跑出去，有时候把车开到大峡谷没人的地方，然后把登山绳系在车上，一个人下到几十米深的谷底，走上一天一夜。有时又一个人带着干粮跑到山上去住。即便不是长假，也经常一个人跑去钓鱼，经常做些很疯狂的事情。"女主人某天说起男主人的一些爱好，甚是惆怅。她还说："我其实挺担心他的，他玩的这些事情我们都不能参与，也没有兴趣参与，我们又觉得这些活动很危险，常常担心他会发生什么意外。"

她无法理解又有些无奈的神情里尽是落寞。她接着又说："人到这个年龄段很容易困惑，甚至容易迷失自我：有些人可能是因为到这个年龄段还没有成功，觉得自己看不到希望；另一些人则是早上一睁眼，发现梦想全实现了，一点冲动都没了，觉得自己已经没有了新的奋斗目标。这时候，'四十不惑'便又成为'迷惑'了。"其实，这位女主人分析得很对，她的先生可能就是因为找不到新的奋斗目标而选择了户外运动，以此来证明自己的存在。

2007年，公司召开了一个小规模的销售会议，我们对现场不同年龄段的人进行了大致的统计。结果发现，在场的30多个人中，只有少数几个是60后，但他们大多都是总监以上级别的，主要的骨干力量是70后，80后的新生力量已经涌现。那么，再过几年，当90后开始进入社会，80后将迅速成为主要力量，这么多70后的人将何去何从？60后又去了哪里？很多人每天都在上班，却从未考虑过这个问题。

我们所在的公司是我们一辈子的归宿吗？事实上，40岁左右的人极易遇到职业上升的天花板。如果是在外企，顶头上司大多是老外或者从国外、总部派来的领导，你很难再得到上升的机会。

40多岁到达的位置大部分就已经是人生的尽头。如果我们把45岁简单理解为有20年左右的工作经历，那么这类人在公司大多已经处于职业生涯的顶峰，大部分服务于外企的中国雇员担任的都是技术层面、执行层面的职务，到了一定的职位后就再难高升。

除了前面的"天花板"，40岁的人还后有"追兵"：随着年龄的增长及家庭的建立，这些人不再像前几年那样精力充沛，然而拼劲十足的年轻人则拥有更新的知识结构和更强的学习能力。与要求更低薪资却有更强承受力的年轻人相比，中年人具有的优势也开始贬值。

在《易经》中，同样存在这种说法。"或跃在渊"（九四）便是对这种状态的形容。"或"有"惑"及"似"两层含义，"渊"虽位置低，却是一跃而出、飞腾升天的起点，因其恰好处于离开内卦进入外卦的阶段，所以在进退上面临一定的尴尬，也常因迷茫而缺乏安全感。这个年纪的人，很容易因为有一点成绩就止步不前，找不到前进的动力，也懒于学习新事物，却又害怕落后，不会轻易放下。

因此，处在这一阶段的人，进退时需要把握有利时机，唯此才不致发生灾难。也有人说这是武王在吴泾进退两难的阶段。说明已经到了跃跃欲试的阶段，要谨慎决定自己的进退，把握有利时机。

合乎自然便是道

在前面的章节，我曾写到过一位对《易经》很有研究的司机李师傅。在与他交流的过程中，他与我分享了许多他对《易经》的理解。他曾告诉我："在六十四卦的每一卦中，人们都想测出一个吉凶，但是每一卦都少不了警惕的句子，就连非常好的乾卦也有'亢龙有悔'这样的警示。"

李师傅还认为，在《易经》中，只有谦卦没有吉凶之说。因为谦卦说的是人们要谦虚谨慎，只有谦才能无不利，才能吉祥。对于他的这个观点我深有感触。

自 2001 年起，我陆续接触了国内许多大企业的老总，与他们吃饭、开会、谈业务。在与其接触的过程中，我发现他们都很谦虚，虽然他们有的人享受的是国家部级待遇，但对人却很亲切，还经常对我说："你有事随时可以来找我，不用害怕麻烦。"包括我接触的许多南方企业的老总在内，这些人大都以事业为重，为人谦虚、低调。

　　我的司机梁师傅曾经是个干了 6 年的出租车司机，因为他是老北京人，所以对北京的道路非常熟悉。他说自己非常喜欢开车，尤其是出租车："每天早上一醒来，想着可以见到各种各样的人，与顾客聊天、讲笑话，很快乐。开出租车也很自由，高兴的时候就多干点，不高兴了就可以歇一会儿。"

　　"既然那么喜欢，为什么不干了呢？"我随便问了句。

　　"开出租车唯一让我受不了的就是经常遇到的'小鬼'，无论到哪个企业门口一停车，保安就过来骂人；在路边稍停一会，城管又过来说我；下雨天赶个大早将客人送到车站，结果被人逮着，说我车没洗……"

　　说起这事儿，梁师傅嘴里接着嘟囔道："难道我一大早赶着送人，快到车站还能跟人家说，你等我先洗个车啊？就是这堆人让我厌烦了，谁都出来骂我们，天天都受无缘无故的委屈。更倒霉的是，公司遇到这种情况总是不问缘故，直接先罚一通。"

　　听到这些我很惊讶，很难想象，与我所遇到的那些手握几百亿资产、位高权重的人相比，正是这些层次相对较低、地位不高的人倒非常"横行霸道"，倒是应了中国那句"阎王好见，小鬼难缠"的老话。常常是越处于社会底层的人，越容易在获得权力的时候得意忘形，试图将这种权力发挥到极致，不断以权谋私，以图满足自己的各种心理和物质需求。

　　真正拥有一定社会地位的人，反而能够保持谦虚的作风。乾卦中"飞龙在天"就指这个阶段的人所具有的共性——谦虚、谨慎，生活朴素，能够严于律己、宽以待人。

　　2002 年我作为产品供应商与南方的一家公司合作。这家公司分管采购业务的副总经理是一位姓顾的先生。在和他接触的过程中，我们一直保持服务的态度，对他非常尊敬，但是他永远一副鼻孔朝天、从不正眼看人的模样。与他打招呼若能得到一声"嗯"，已是破天荒的荣幸了。他说话时语气专横，而且言辞激烈，稍微出现一点小问题便会被他渲染得危险重重，弄得大家心绪不宁。

我很不理解他的行为，但碍于身份，我们有义务为他们服务。就顾先生的行为，我特意请教了他们公司另外一个负责研发的副总经理。对方说："没关系，其实他人也挺好，可能他就是那种做事方式。"他这样分析后，我也就只能释怀，选择接受和适应。

其实古人在几千年前早就对管理分了类。《道德经》中说："太上，不知有之；其次，亲而誉之；其次，畏之；其次，侮之。"分开解释就是，优秀的管理者是隐形的，有时甚至没有被当作管理层存在，他们只负责掌握关键脉络，具体的工作就留给下属自由发挥，能够让下属各行其是、互不干扰，却不会出现纰漏。次一等的管理者能够和群众打成一片，和谐团结，深入了解各种信息，通过亲身的参与形成凝聚力，达成管理目标，并因此而常常得到赞美；第三个层次的管理者则能够树立威信，让人有所畏惧；最无能的管理者则是下属根本不听，或阳奉阴违，一旦出现差错，不仅没有人帮忙，甚至还容易出现墙倒众人推的情形。

在与南方企业接触的过程中，我就曾遇到过一位德高望重的汪先生。汪先生是香港人，他主要做电子方面的投资，身家过亿，而且成功扶植了多个公司，这其中包括深圳好几个叫得响的电子企业。当时他已经年近70岁了，衣着朴素，说话时语气和蔼，总是一副不紧不慢的模样。他经常一大早从香港坐轮渡到深圳，并奔波到附近的一些供应商当中，还下厂去了解具体的生产工作，了解公司的运营情况。

之后，借着一些机会，我和他进行了交流。汪先生说："其实，做多大的企业，最重要的不在于物质的收获，因为无论后面是多少个零，都是虚拟的，古人也说过'广厦万间，夜宿一床；家财万贯，一日三餐'。

人的消耗是有限的，于我们而言，更重的是一种社会责任，如果不做好，总有一种不公平的感觉。为什么外资公司生产的手机能卖千上万，很容易就赚了老百姓的钱？我们有义务生产更便宜、更好用的国产手机，并保证他们在消费后还能享受到好的服务。"

他还说自己要对投资的股东负责任，要想着工厂里几千名员工，包括以供应商为代表的第三方企业的成长。"一旦经营不善，就可能会使几千个家庭陷入困境。"这句话深深地刻在了我的脑海里。

或许，只有这样的人才能在惊涛拍岸的商场中镇住场。这与他几十年电子行业的阅历、公司运营经验以及投资能力有很大的关系，这些条件促使他能够做成并做大许多事情，成别人所不能成之事业，是"天时、地利、人和"的必然结果。但更重要的是，他们能够驾驭这种职位，他们有着不同于一般人的修为以及做事情的出发点——不再是发点小财，而是以天下责任为重。

我无意中在电视上看到时任联想董事局主席的柳传志讲的一段话，说到他为什么带领联想举行了大规模的国际并购，一直在介入联想的运营与投资，并为联想的国际化付出了大量心血。他说了一句："知我者谓我心忧，不知我者谓我何求。"如果我没有领会错误，他的心意与汪先生应该是一致的吧。

这一阶段的人位于乾卦的第五爻，因为位于阳位，所以属于非常得正的状态，而且身边拥有众多可以驾驭的资源，出入进退也都非常自如。乾卦中说："夫大人者，与天地合其德，与日月合其明，与四时合其序，与鬼神合其吉凶。先天而天弗违，后天而奉天时。天且弗违，而况于人乎？况于鬼神乎？"

这段话很好地指出了"大人"所具有的特点，那就是德行与大地相会、光明与日月相等、进退犹如四季般井然有序、赏善罚恶与鬼神所降的吉凶相当。更因为他的作为先于天时符合天的法则，天才不会背弃他；后于天时，也遵循天的时机，因此一切都顺应自如，合于自然。

下行的艺术，退步原来是向前

在孩子刚学会走路不久，工作之余，我便经常带着他去游乐园玩耍。小孩子很喜欢在滑梯上爬上爬下，我便在一旁看护着他，必要时帮他往上爬。这时，旁边一位年近七旬的老人的行为引起了我的注意。只见他直接把一岁多的孩子放到了滑梯的顶端，自己则在旁边看着他一步步地往下爬。一遍一遍地都是如此，倒是对孩子往上爬这个动作不怎么关注。

我在一旁觉得很有意思，便问他："老师傅，你为什么这样带孩子？"

这位老人回答道："孩子在成长过程中对环境的适应能力很差，在我看来，会不会上滑梯不重要，重要的是学会下。我就怕他在我不注意时，突然间爬得很高，结果不知道怎么下了，这就肯定会摔跟头的。"

老人的这番话很有意思，虽然朴实，却可见对人生有深切的领悟，在教育小孩的问题上也有自己独到的理解。实际上，在职场和生活中，类似的问题也非常普遍。有很多人，都在匆忙地想怎么往上爬，结果一不小心却在很高的位置上栽了大跟头。

现代社会，"59岁现象"大量存在于我们的社会生活中，尤其是在政治、经济、娱乐等领域。这种在政治领域中被俗称为"最后捞一把"的行为，很好地透视了领导干部在即将退休前夕，"有权不用，过期作废"，大肆贪污受贿的现象。在经济领域中，尤其是一些国有企业的管理者，经常在退休前一反几十年守法努力的工作常态，为自己大谋私利，侵吞国有资产。

子曰："君子有三戒：少之时，血气未定，戒之在色；及其壮也，血气方刚，戒之在斗；及其老也，血气既衰，戒之在得。"这一段话的意思是说：年少时，因为身体尚在发育，思想亦未稳定，因而要注意不要沉迷于色欲；等到青壮年时，身体强壮，思想也开始慢慢定性，而且血气旺盛、刚烈，就应该注意避免与人争斗；等到了老年时，身体和思维都慢慢弱化后，最重要的则是节制自己，避免贪欲。人是有贪欲的，尤其在拥有的美好面临消失的时候，对某种事物的贪欲会更加明显。而这就极容易导致事故的发生。

曾有说法认为，二战时飞机失事率发生的最高时间并非战争过程中，而是返航之际，尤其是在看到返航跑道之际。事实上，大部分人在战斗中是紧张的，因而会非常认真地做自己应该做的事情。可是一旦事情有了转机，胜利在望的时候，人们就容易松懈，而这种松懈正是其失败的致命原因。

据说当初袁世凯想要称帝，其次子袁克文曾写了一篇诗文劝他，其中"绝怜高处多风雨，莫到琼楼最上层"堪称经典。袁克文写此诗的用意非常明显，无非是劝父亲袁世凯及兄长袁克定应该安于享受不尽的荣华富贵，不要逆天行事，复辟称帝。实际上，站在高处，无所遮覆，必然会历经更多风雨，因而人生在世，不要有太多无休止的贪欲，非要去攀挤到象牙塔尖，苏轼也早有"又恐琼楼玉宇，高处不胜寒"之语。

在我们的生活中，我们也经常会遇到一些居安合于道的人，在年近花甲时能够积极调整好自己的心态，为自己的二次生活做好准备，在退休之后梅开二度，上老年大学，练习声乐、书法等等，积极培养自己的兴趣爱好。

有时早上起来锻炼，还经常遇到一些老年人。他们会对我说："你还真是难得，还能在早上起来锻炼。"显然他们都习惯了公园里都是老人的身影。"现代人是挺奇怪的，工作累，需要锻炼的时候，大家倒都宁愿睡懒觉。倒是你们现在退休了，没有压力了，终于能够经常出来锻炼锻炼了。"我也跟着调侃。他们笑笑，用了一句很流行的话结束了我们的谈话："年轻人用健康换金钱，等老一点的时候再用钱换健康。"

由于爱好太极拳的缘故，我有幸认识了北京中华文化促进会会长钱光培教授。在传统文化保护方面，他可谓是尽心尽力，并且颇有建树。1996 年前后，他就积极上书北京市委，倡议推进文化产业，很多建议被收入了北京市关于文化产业发展的政策中。

2000 年，钱光培教授又给国家发展计划委员会的相关领导写信，倡导推进文化产业建设。如今深化文化体制改革已经作为十七届六中全会的核心精神，不得不敬佩这些老一辈学者在十几年前的眼光和作为。

钱教授业余时间爱好收集古董，尤其是对玉器有独到的研究。好几次和他交流，总能发现他手上把玩着一些其貌不扬却历史悠久的古玩。他经常说："从一些古老的东西上能看到那代人的思维与文化。很多古代的东西很美，甚至古代器具上一个简单的线条，都能使他感觉到古人对美的追求。"

2007 年夏天的一个周末，恰逢钱教授乔迁不久，我有幸带着孩子前去他家一睹了其收藏宝贝的芳容，同行的还有一个姓陈的大姐。孩子年少好动，在钱教授家楼上楼下跑了个遍，能动的东西都动了一下，每个门都拍得啪啪响，我心里一直悬着，生怕他碰坏了什么宝贝。在主人面前我也不好对孩子太过严厉，好在钱教授的爱人赵老师人很和蔼，一直说："没有关系，小孩子，让他跑跑，也检验一下我们新家的装修质量。"

"今天恰好大家来了，乘这个机缘，我给大家看个好看的东西。"钱教授跟我们聊了一会儿就提到了他的宝贝，他果然有新东西要展示给我们。出于好奇，我问了几遍钱教授是什么东西，没想到他倒卖起了关子，他只是说："先不要着急知道名字，等吃完晚饭后你们就会知道了。"

好不容易等到完全天黑。钱教授终于发话了："吃完饭了，这会儿我可以给大家看我的东西了。"我们正要奇怪他为什么拖这么晚，他却把我们带到了地下一层用于收藏玉器的房间内，小心翼翼地拿出一个瓶子。

"这不就是一个花瓶吗，有什么特殊的？"我有些失望地说道。

"你可以好好看看这个瓶子有什么特点。"经过钱教授提醒，我开始端详起这个瓶子，这才发现瓶身上自瓶颈到瓶底逐一布满了众多有规则的小空洞。每个小空洞圆润异常，像是抛光后打了蜡或油一类的东西。

"这个瓶子太奇怪了，这么多洞，连水也不能装，装什么都得漏。"我话语一出，钱教授立刻笑了，却也不气不恼，只说了句，"一会儿我再告诉你们是怎么回事"。这时只见他打开了音乐，喇叭里开始传扬出悠扬的古代音乐。然后，他又拿出一根短蜡烛，点着了，放到了这个瓶子里。由于房间的日光灯很亮，烛光并不亮，若有若无。

"这个音乐需要闭上眼睛听才能有感觉。"听到他这么说，我们几个便乖乖地闭上眼睛。我以为音乐的高潮部分有什么神奇之处，但是音乐并没有什么大的变化。

过了一会儿，在大家的心情都慢慢平静下来后，钱教授告诉我们可以睁开眼睛了。睁开眼睛的时候，我们突然发现不知道什么时候钱教授把日光灯给关了，由于闭眼睛很久，猛一睁眼后，发现点在瓶子里的蜡烛亮了许多，烛光透过瓶子的孔洞投射到墙上，非常明亮。

瞬间，我们产生了一种犹如置身于光影迷离的蒙古包的氛围中。我们还没有醒过神来，钱教授起身将窗子开了一个小小的缝隙，清风透过窗户吹了进来，瓶中的烛光开始摇曳，这时产生了一个让我们震惊不已的现象，只见墙上的光亮也随之摇曳起来，我们所置身的那个"蒙古包"，在悠扬的音乐中开始动了起来，无比优美、梦幻，而又那么真实。

"这个你叫瓶子的东西，实际上是一个宋代的'油滴瓷瓶'。这是我在古玩旧货市场拣来的漏儿，我买的时候，那个卖家都不知到这是干什么用的。现在大家体会到了，其实，我们现在感受到的东西就是宋代的生活，那个时候的古人就是在这种音乐中，在这样一个光影摇曳的'蒙古包'里喝酒、唱歌、跳舞，尽情地享受生活，一如今天我们年轻人喜欢去的灯光迷离的酒吧！

"其实生活就是一个轮回。我们所认为的科技，实际上不过是外在形式上发生了一些改变，而我们现在所拥有的很多感受其实古代很早就有了，我们现代人不过是在重复古人的轨迹。几千年前祖先的聪明智慧远远超出我们的想象。社会在一次次的轮回中变迁、发展，而人类生活的核心并没有变。"

钱教授顿了一下又说："人类社会就是这样起起伏伏，只有能跟着它这样起伏，才是顺天应时。不能认识到自然的轮回，只理解生不理解灭，只理解长不理解消，只理解进不理解退，都不是真正地了解自然规律。无论是学习、工作，还是生活，都会被自然规律抛弃甚至惩罚。生活，等待我们每个人去发现、去体会。"

我们要意识到"亢龙有悔"并非事物发展的终点。乾之终正是坤之始，因而，乾卦轮回的结束正是坤卦的开始。犹如《易经》最终的既济、未济两卦一样，当一切都看似井然有序的时候，也在一定程度上酝酿着杂乱无章的开始。因而我们不仅要有能上的本领，更应该注意培养自己下来的本领。

职场智慧：经营人生职场的些许感悟

人生，是另一种形式的职场，每个人的职业生涯在我们的生命长河中都占去了绝大部分。在这个高速发展的时代，人生和职场的界限早已划不清楚。既然这样，我们好好工作、好好生活就是职场与人生的完美结合。在商业圈子里摸爬滚打，我经历了失败，也获得了成功；走过人生低谷，也尝到了巅峰的甘甜。回首曾经的人与事，些许感悟涌上心头：

1. 每个人都是自己的主人，所以，你对自己不负责任，更没有人会为你负责任。

2. 60 岁的人资历深厚，却常因自视甚高而止步不前，最终使自己进退两难。

3. 手中拥有权力时，做事更要合乎自然，天人合一才是管理者的最高境界。

4. 人生难的不是"上升"，而是上到一定位置后能够不"向下"摔跟头。

反思：

"三岁看小，七岁看老"，童年给人们的一生留下了怎样的烙印？

为什么进入职场后的我们，性格中的"角"都变成了"圆"？

你的童年为自己留下了什么职场基因？

◀ "易"样职场，"经"简人生

社会节奏如此之快，让我们无暇静下心来回顾往事。当我回到自己曾经生活过的地方，突然觉得物是人非，发现一切事物都在无情地变化着。我深深地感受到唐代诗人贺知章在《回乡偶书》中"少小离家老大回，乡音无改鬓毛衰"的哀伤，曾经拥有的在不断失去，不管我们愿意与否，其实这就是《易经》的"变易"。

有时候回头看看，当我放下这些主观的东西，所追求的结果却已悄然而至，很多事情找到了钥匙，打开那把锁甚是简单。世间万事万物，并非我们想象的那么复杂，正所谓"大道至简"，有时感觉很难，仅仅是自己不得其门而已。

经历了几多轮回，发现世间的诸多事，无不遵循自然的规律。我们无非是一代一代、一次一次重复着这个轮回。山珍海味千百种，总之不过五味；兵法变化无穷多，总之不过十三篇。《易经》正是帮助我们认知这些道理的一本书，一本玄妙又普通、复杂又简单、深奥又浅显的书。

文字是超越时空的东西，看完这本书，我相信你已经感悟到《易经》的奥妙，并与我一样为古人的智慧而赞叹。如果还有余兴，可以放下这本书，找其他有关《易经》的书深入研究。深入研究才能有收获，如果仅仅是简单看了几本书，就如同学习太极拳一样，随随便便练了几年就认为得其精髓了，只会是贻笑大方。

在写这本书的过程中，我也常常陷入"迷途"当中——常常认为自己写下的东西已经"过时"，毕竟已经过去十多年，很多事都发生了变化。而且《易经》的内涵博大精深，历史上穷其一生研究它的人不胜枚举，但能真正领悟的人却是寥寥无几。就我目前的阅历而言，我自认为对《易经》的理解也仅处于入门阶段，还谈不上解读。但我希望能把自己的个人经历和对《易经》的感悟结合起来，把自己的见闻分享给大家，这也正是我写这本书的初衷。

这本书从构思到准备、规划、写作，前前后后近一年时间。其间由于时间及能力有限，加之理解《易经》确实存在难度，所以曾几次想放弃，有幸得到刘艳静老师和张效民老师的鼓励与帮助。尤其是刘艳静老师，如果说这本书是一串珍珠项链，我原有的书稿仅仅是等待串连的一颗颗珍珠，刘老师就是那个帮我穿针引线的人。还有很多朋友，包括中华传统文化促进会会长钱光培教授，给了我很多建议，在此一并感谢。为了保护隐私，很多地方涉及的人和事，采用了匿名的形式，还希望大家不要对号入座。事情过去多年，如有偏差，还望海涵。

近些年科技飞速发展，社会日益繁荣，人类开始在自然面前忘乎所以。当那些世界顶级的科学家碰壁的时候，才回过头来审视自己，重新认识古人，这也是近一段时间传统文化又被提起的原因之一。狂妄和自大来自于无知，尤其在对自然的领悟上，古人的很多智慧值得我们去学习。深入了解之后，才觉得自己的渺小和卑微。即便是绚丽灿烂的《易经》，也仅仅是灿烂星空中的一颗明星。太极文化中常常提到"挂一漏万"，指的就是这种"一叶障目，不见泰山"的情况。希望读者有机缘去多了解更多的中国文化。"路漫漫其修远兮，吾将上下而求索。"军良与君共勉！